0

Ein DENK MAL

für meine Tochter Miriam

Inhaltsverzeichnis

Vorwort von Michael Theurer, MdEP

Vorwort

Die Macht geht vom Volke aus. Diesen Eindruck
scheinen viele europäische Bürgerinnen und
Bürger nicht mehr zu teilen. Worte wie
„Demokratieverdrossenheit" sind schon seit
Jahren im Gespräch und angesichts der aktuellen
Herausforderungen hegen viele Bürger und
Bürgerinnen Zweifel an der Problemlösungs-
Fähigkeit unseres politischen Systems.

Die beiden Autoren Maximilian Erlmeier und
Kai Littmann treffen mit diesem Buch also
absolut den Puls der Zeit und stellen die richtigen
Fragen: Wie wollen wir Demokratie in Zukunft
gestalten? Wo müssen wir unser System
revitalisieren oder sogar reformieren?

Aus langjähriger politischer Erfahrung als
Oberbürgermeister, Landtagsabgeordneter und
Abgeordneter im Europäischen Parlament weiß
ich, dass die Zukunft unserer Demokratie davon
abhängt, den Kontakt zwischen Bürgern und
politischen Entscheidungsträgern dauerhaft zu
etablieren und zu sichern. Diese Herausforderung
stellt sich auf allen politischen Ebenen von der
Kommune bis zur Europäischen Union.

Unabhängig davon, welcher Sachlösung man
bei kontroversen Themen wie der Finanzkrise im
Einzelfall unterstützt, ist das Kernthema der
Autoren für die Zukunftsfähigkeit unseres
demokratischen Staatswesens entscheidend: Die
aktive Mitwirkung der Bürgerinnen und Bürger.
Wichtig ist aber also eine Politik, die Bürger zum
Denken ermutigt und Möglichkeiten zur
Teilnahme am politischen Prozess schafft, zum
Beispiel durch die neuen Medien.

Als Europäer, die auf eine lange
demokratische Tradition zurückblicken, aber auch
die Folgen einer Abkehr von der Demokratie
kennen, müssen wir uns der Frage stellen, wie wir
unsere Demokratie in Zukunft gestalten wollen.
In dem Sinne unterstütze ich gerne die Forderung
der Autoren und richte sie an uns alle: Denk mal
und tu was!

Michael Theurer

Michael Theurer ist Mitglied des Europäischen
Parlaments und der Ausschüsse für Industrie,
Forschung und Energie; für regionale
Entwicklung und der Delegation für die
Beziehungen zu Israel.

1. Einleitung

Immobilienkrise, Finanzkrise(n), Staatsschulden-Krise, Märkte außer Kontrolle und Entscheidungen über Rettungsschirme in Höhe von Billionen Euro, die hastig in Nachtsitzungen vor Eröffnung der Börse in Tokio gefällt werden müssen.

Politiker, die ratlos und von den „Märkten" getrieben wirken und offensichtlich auch oft genug überfordert sind...

Panik und das Messen von Glück und Unglück unserer Wirtschaft und Gesellschaft mit Hilfe der Fieberkurve des Deutschen Aktien Index (DAX) sind jedoch schlechte Ratgeber für eine kluge und an echter Problemlösung und Krisenbewältigung orientierte Politik.

Vielleicht haben auch Sie den Glauben daran verloren, dass alles bisherige Handeln der Politiker in dieser Krise rational und „alternativlos" ist. Wobei oft unterschwellig zusätzlich die Drohung mitschwingt: Retten ohne Rücksicht auf Verluste und um jeden Preis –

natürlich mit unserem Steuergeld – sonst gehen
Euro und Europa unweigerlich vor die Hunde.

Wer denkt, dass hier nicht nur Problem-
Verschiebung stattfindet, sondern dass die
eigentliche Ursache unserer Staatsschuldenkrise*,
der „Pumpkapitalismus[1]" – wie es Ralf
Dahrendorf so schön auf den Punkt gebracht hat,
in einer Nacht gelöst und nicht einfach nur in die
Zukunft geschoben werden kann, ist naiv oder
will einfach nicht darüber nachdenken!

Die Dominanz der Finanzwirtschaft,
Investmentbanker und der Finanzlobby als
Hohepriester der „Geld-macht-glücklich-
Philosophie" haben Politik und unser Denken
korrumpiert und erreicht, dass die überwiegende
Ausrichtung der Politik an den Interessen der
Reichen/Finanzwirtschaft unsere Gesellschaft
destabilisiert und die Demokratie gefährdet!

Hier sei als Stichwort „Gier ist gut" aus der
Rede von Gordon Gekko aus dem legendären
Film „Wall Street" genannt: Aber haben nicht
(fast) alle gläubig zu den „Modernen Tempeln"
unserer Zeit an der Wall Street und der City of
London aufgeblickt und hat nicht auch viele von
uns die Gier nach immer höheren Gewinnen mit

Hilfe äußerst komplexer und strukturierter
Hochzinspapiere (Reichtum ohne Arbeit) zum
Tanz um das Goldene Kalb verführt?

Der Kapitalismus ist zu einem Geld-
Ökonomismus[2] verkommen. Kapital für
Investitionen in die Realwirtschaft ist eher knapp,
während Geld fürs Zocken in den Finanz-Casinos
im Überfluss vorhanden zu sein scheint. Ist das
wirklich alles so richtig? Müsste nicht die
Finanzwirtschaft wieder der Realwirtschaft
dienen und nicht umgekehrt? Nur diese schafft
echte Werte und dient nicht nur der Geld-
Vermehrung.

Laufen wir nicht oft falschen Göttern nach und
haben uns vielfach losgesagt vom Glauben an
eine soziale Marktwirtschaft im Sinne Ludwig
Erhards: „Wohlstand für Alle[3]", erreicht durch
Arbeit, Fleiß und solides Wirtschaften?

Sollten wir nicht gerade in der Krise
Weisheiten aus alten Zeiten beherzigen, die sich
seither vielfach bewährt haben? *„Quidquid agis,
prudenter agas et respice finem!"* (Was auch
immer Du tust, sei vorsichtig und bedenke das
Ende). Kann man da bei geplanten Bürgschaften
von mehreren Hundert Milliarden Euro – jetzt

auch noch auf Billionen gehebelt - wirklich noch
von der nötigen Vorsicht und Verantwortung
gegenüber den Steuerzahlern sprechen? Wo bleibt
da das kluge und vorsichtige Handeln und das
Bedenken des Endes bei nicht auszuschließender
Bürgschaftsinanspruchnahme von Hunderten
Milliarden Euro? Und wo ist die Ehrlichkeit, den
Bürgern zu sagen, dass eine Inanspruchnahme
zumindest von Teilen der Bürgschaft durch die
Hebelung immer wahrscheinlicher wird?

Die Rettungsschirme schaukeln sich
mittlerweile von begrenzt und einmalig für
Griechenland auf unbegrenzt und permanent auch
für Spanien, Italien und vermutlich weitere
Länder in Billionenhöhe auf. Da stellt sich doch
die Frage, ob unsere und kommenden Generationen überhaupt in der Lage sein werden, diese
Billionen zu erwirtschaften? Denn eines ist klar –
dieses Geld liegt nirgends im Tresor, sondern ist
wieder einmal ein Wechsel auf die Zukunft.

Das Paradoxe an der ganzen Sache ist jedoch,
dass die damit schleichend immer mehr
eingetretene „Denkkrise", die nicht nur unsere
Politiker, sondern auch viele von uns selbst
erfasst hat, noch viel gefährlicher ist als die
Finanzkrise.

Da läuft viel schief und deshalb diese
Denkschrift und die Aufforderung, Denk*mal!*
Deshalb der Aufruf, endlich wieder den eigenen
gesunden Menschenverstand zu gebrauchen –
oder Immanuel Kants Aufforderung, *„Sapere
aude"* (Wage Dich Deines eigenen Verstandes zu
bedienen[4]) zu beherzigen und zu befolgen!
Inspiriert wurde diese Denkschrift durch das
großartige Buch von Stéphane Hessel[5] „Empört
Euch" – denn nur aus Empörung folgt Handeln,
so seine These - und durch eine hervorragende
und wegweisende Rede unseres
Bundespräsidenten Christian Wulff[6] in Lindau am
24. August 2011 vor Nobelpreisträgern der
Wirtschaftswissenschaften und Jugendlichen, in
der er solides Wirtschaften und Vertrags-
Konformität von Politik und Europäischer
Zentralbank (EZB[7]) anmahnt.

Diese Denkschrift soll Sie zum Nachdenken
anregen, zum Hinterfragen und in Zweifel ziehen
der uns präsentierten, vermeintlichen Wahrheiten
und „alternativlosen" Entscheidungen unserer
Politiker, sowie zum Einmischen und Einbringen
Ihres gesunden Menschenverstandes.

Und vielleicht kann diese Denkschrift ja
mithelfen, Sie vom Denken zum Empören und

vom Empören zum Handeln zu führen! Es mag
utopisch klingen, Finanzwirtschaft und Politik zu
mehr Handeln im Interesse der Menschen zu
bewegen, aber: „Es ist besser, ein Lichtlein
anzuzünden, als über die Dunkelheit zu klagen."
(Konfuzius)

Denn es steht zu befürchten, dass ohne
„Denken, Empören und Handeln" von uns „Mut-
Bürgern" aus einer guten Vergangenheit eine
unsichere Gegenwart und aus falschen
Entscheidungen eine schlechte Zukunft zu
werden droht, denn leider scheint sich bei unseren
Regierungsvertretern in Berlin und Brüssel der
Spruch zu bewahrheiten:

> *... und als Sie das Ziel aus den Augen verloren
> hatten, haben sie ihre Geschwindigkeit
> verdoppelt.*

Hinweis: Wenn Sie hinter einem Begriff ein
Sternchen (*) sehen, wird dieser Begriff im
Glossar (Kapitel 17) erläutert. Wenn Sie hinter
einem Begriff eine hochgestellte Zahl sehen,
finden Sie zu diesem Begriff einen
weiterführenden Link in der Linksammlung
(Kapitel 18).

2. Die *Denk*-Krise – die Mutter aller Krisen

Angesichts der komplexen Problemstellungen,
mit denen man sich heute auseinandersetzen
muss, haben wir es verlernt, selbst nachzudenken
und einfache Fragen zu stellen.

Das Motto muss daher lauten: „Denk mal
(nach)“. Was die Finanz- und Staatsschuldenkrise
anbelangt, könnte die erste Fragestellung lauten:
Kann man mehr ausgeben als man eingenommen
hat? Diese Frage muss sich jeder Bürger und jede
Bürgerin jeden Tag stellen. Ergebnis: Das klappt
leider nur kurzfristig. Sehr kurzfristig sogar, wenn
man mit Bargeld hantiert. Vielleicht schreibt die
Stammkneipe ein paar Biere noch auf den
Deckel, aber das war es dann auch schon.

Für einen längeren Zeitraum kann man
Schulden mit einem Konto mit Überziehungs-
Kredit oder mit der Kreditkarte machen. Mit
Besitz, der als Sicherheit gilt, geht es noch länger
und am längsten, wenn ein reicher Onkel (aus
Deutschland) für einen bürgt! Aber irgendwann
ist Schluss mit lustig. Für dieses Problem gibt es,
genau wie bei den Menschen zuhause, nur eine
Lösung: Kosten einsparen und Einnahmen
erhöhen und mit Disziplin und einem genauen

Plan Schulden abbauen. Das tut natürlich weh,
denn man muss die ganzen Schulden
zurückzahlen. Bei hoffnungslosen Fällen gibt es
nur noch die Privatinsolvenz.

Bei Staaten ist es auch nicht anders, egal, was
uns die Politiker einzureden versuchen.

Irgendwann – früher oder später - kommt der
Tag der Wahrheit. Der Unterschied ist nur, dass
man bisher glaubte, dass ein Staat nicht Pleite
machen kann. Dass dies nicht stimmt, sehen wir
im Moment in Griechenland. Vielleicht auch bald
in Irland, Italien, Spanien und, wenn man genau
hinschaut, könnten auch den „Rettern" in
Frankreich und Deutschland die Schulden über
den Kopf wachsen.

Man sollte sich wieder angewöhnen, die nahe
liegenden Gedanken zu denken und die einfachen
Fragen zu stellen. Zum Beispiel: Woher kommen
eigentlich die Milliarden, die wir in die Rettung
zockender Banken stecken? Woher kommen die
Milliarden, mit denen wir Ländern in der Krise
helfen? Haben wir dieses Geld überhaupt? Oder
müssen wir es uns bei genau den Banken zu
teuren Zinsen leihen, die wir danach wieder
sanieren müssen, da sie die Gewinne schon

wieder an die Aktionäre ausgeschüttet haben,
anstatt sie in die Vorsorge zu stecken?

Ist da der plakative Spruch „Gewinne
privatisieren und Verluste sozialisieren" bei den
aktuellen Vorgängen wirklich so falsch?

Europäische Solidarität ist eine wichtige
Sache. Doch kann diese viel beschworene
Solidarität nicht darin bestehen, unbegrenzt
virtuelle Geldpakete von A nach B zu schieben,
um die alten Schulden und Zinsen mit immer
neuen höheren Schulden zu refinanzieren. So
drängt sich gleich die nächste Frage auf: Was
muss in den Krisenländern konkret geschehen,
damit diese irgendwann wieder in der Lage sind,
Geld einzunehmen, mit dem sie dann ihre
Schulden bezahlen und ihre Ausgaben bestreiten
können? In anderen Worten: Wie muss ein
funktionierendes Geschäftsmodell für diese
Krisenländer aussehen?

Denken Sie sich die Problematik doch im
kleineren Rahmen durch und stellen Sie sich die
entsprechenden Fragen – dies ist kein Zeichen
von Dummheit! Die Fachleute aus Politik und
Finanzwirtschaft bombardieren uns nur deshalb
mit ihrer unverständlichen Fachsprache, damit

wir genau diese unbequemen Fragen nicht
stellen! Denn die Antworten sind bekannt, aber
die Lösungen lassen sich nur mit viel Zeit,
Geduld sowie Schweiß und Tränen umsetzen.

3. Sünde Nr. 1 – der Pumpkapitalismus

Natürlich ist es einfacher, in Krisenzeiten
Sündenböcke ausfindig zu machen und an den
Pranger zu stellen, als Selbstkritik zu üben. Die
gierigen Investmentbanker, von denen
mittlerweile Wissenschaftler herausgefunden
haben, dass ihr Verhalten an den Börsen dem von
Psychopaten ähnelt, Hedge Fonds und private
und institutionelle Spekulanten sollen angeblich
alleine schuld an der Finanzkrise sein.

Aber wer etwas tiefer denkt, findet sehr
schnell heraus, dass eigentlich unsere ganze
Gesellschaft, also wir alle, nicht unschuldig an
der Entwicklung waren, die zu der Bankenkrise
führte. Hatte nicht die Mentalität „Gier ist geil"
bereits große Teile der Bevölkerung erfasst? Viele
Anleger scheinen bei der Aussicht auf immer
höhere Renditen auch vollkommen verdrängt zu
haben, dass diese stets Hand in Hand mit
steigendem Risiko einhergehen.

Der herausragende Publizist Lord Ralf
Dahrendorf hat in einem seiner letzten Artikel
deutlich aufgezeigt, dass nicht einzelne
Menschen, sondern die Entwicklung unserer
Gesellschaft, der Weg vom „Sparkapitalismus

zum Pumpkapitalismus" eine der wesentlichen Ursachen der Krise war. Dieser Mentalitäts-Wandel der grundlegenden Einstellungen der Menschen und nicht nur der Akteure des Finanzmarktes, sondern auch der „kleinen Anleger", erklärt, warum es zu derart großen Verwerfungen kommen konnte. „In der Tat handelt es sich um das Verhalten prägende Leitkulturen, die bei Minderheiten beginnen, dann aber ganze Gesellschaften erfassen". Gier wurde zum Leitmotiv und mittlerweile gilt Erfolg durch harte Arbeit als altmodisch, dem schnellen Dollar und Euro durch Spekulation und Zocken scheint die Zukunft zu gehören. Das „Goldene Zeitalter", in dem Geld scheinbar so lange strukturiert, deriviert, exportiert und durch Boni honoriert werden konnte, ohne dass in der Realwirtschaft die entsprechenden Güter, Dienstleistungen und Werte dafür geschaffen werden mussten, schien angebrochen zu sein.

Im Rahmen dieser Entwicklung war auch der Weg in die Staatsverschuldung in den meisten Ländern fatal. Auslaufende Staatsanleihen wurden durch die Ausgabe neuer Staatsanleihen bezahlt, die wiederum durch Ausgabe neuer und höherer Staatsanleihen getilgt wurden, bis das fehlende Vertrauen, dass einige Staaten diese

Anleihen je tilgen könnten, das Kartenhaus zum
Einstürzen brachte.

Wie der Soziologe Max Weber aufzeigte, stand
am Anfang des kapitalistischen Wirtschaftens
eine weit verbreitete Bereitschaft, unmittelbare
Befriedigung durch Konsum aufzuschieben. Die
kapitalistische Wirtschaft kam nur deshalb in
Gang, weil Menschen bereit waren, die Früchte
ihrer Arbeit erst später zu genießen. Sparen schuf
Kapital und dieses Kapital schuf reale Werte, die
in der Zukunft einen höheren Konsum
ermöglichten.

Ralf Dahrendorf beschreibt eindrucksvoll den
nächsten Schritt, der vom Konsumwahn zum
fröhlichen Schuldenmachen führte. „In den
achtziger Jahren des letzten Jahrhunderts gab es
jedenfalls schon Menschen, die für ein paar
hundert Mark auf eine sechswöchige Weltreise
gingen und deren tatsächliche Kosten noch
abzahlten, als schon niemand von ihren Freunden
und Bekannten mehr die Dias sehen wollten, die
sie in Bangkok und Rio gemacht hatten" - „*Enjoy
now, pay later!*" wurde zur Maxime.

Von dieser Mentalität war es nur noch ein
kleiner Schritt zur Einladung an die subtilen

Konstruktionen derer, die sich darauf
kaprizierten, aus Geld noch mehr Geld zu
machen. „Genauer gesagt gingen die daran, aus
Geld, das ihnen nicht gehörte und das es
vielleicht gar nicht gab, Geld zu machen, das sie
in die Welt der Superreichen katapultierte.",
stellte Dahrendorf fest.

Genau besehen ist aber der Versuch, aus Geld
noch mehr Geld zu machen, nicht mehr der reine
Kapitalismus, sondern Geld-Ökonomismus und
hat mit der Realwirtschaft nichts mehr gemein.

Gefährlich, fatal und desaströs wird es aber,
wenn die Zockergewinne privatisiert, die Verluste
aber sozialisiert werden, was genau heute
passiert. Denn alles Schuldenmachen hat Grenzen
und wenn die Staaten ihre Banken oder
Finanzinstitutionen retten, werden private
Schulden durch öffentliche Schulden ersetzt.
Durch Schulden, die jeden einzelnen Bürger
belasten.

Das alles ist schon schlimm genug, aber noch
schlimmer ist die Unfreiheit, in die Menschen,
Unternehmen und natürlich auch der Staat bei
hohen oder gar erdrückenden Schulden geraten.
Wer am Tropf der Finanzmärkte hängt und ohne

das süße Gift der immer neuen und höheren
Schulden, mit denen die alten Schulden
refinanziert werden müssen, nicht mehr
auskommt, ist im höchsten Maße unfrei und
abhängig von denen, die über diese Droge für die
am Tropf hängenden Staaten gebieten. Geld
regiert die Welt.

Wer ehrlich ist, der weiß, dass wir um eine
Entziehungskur in Form von Sparsamkeit nicht
herumkommen und die Politik sich aus der
Gefangenschaft des Schuldenturms befreien
muss. Aber wieder frei in seinen Handlungen zu
sein und wieder Herr im eigenen Haus, ist aller
Anstrengungen wert, auch wenn die Politik die
Fiktion „Freiheit ohne Anstrengung" gerne
aufrechterhält. Der Satz des amerikanischen
Präsidenten Thomas Jefferson aus dem 19.
Jahrhundert gilt heute mehr denn je:

> *„Wir haben die Wahl zwischen Sparsamkeit und Freiheit oder Überfluss und Knechtschaft."*
> *(Thomas Jefferson, US-Präsident von 1801 – 1809)*

4. Sünde Nr.2 – die falschen Götter

Nicht mehr Kathedralen, nicht mehr das Streben
nach dem ewigen Leben und schon gar nicht ein
gottesfürchtiges Leben auf dieser Welt ist es, was
die meisten Menschen heute anstreben. Das kann
man bedauern oder auch nicht, je nachdem wie
nah man den Kirchen oder seinem ganz
persönlichen Gott steht.

Aber laufen wir nicht schon längst „falschen
Göttern" hinterher, allen voran dem (schnöden)
Mammon? Mammon steht ursprünglich für einen
unredlich erworbenen Gewinn oder unmoralisch
eingesetzten Reichtum, wenn er zur der das
Leben bestimmenden Maxime wird... Ist es nicht
genau das, was wir heute an vielen Stellen in der
Finanzwirtschaft erleben?

Diese Entwicklung, weg Hoffnung auf das
Paradies im und dafür hin zur vermeintlichen
Sicherheit durch immer mehr Geld und Konsum-
Glück, hat natürlich massive Auswirkungen auf
unser wirtschaftliches Verhalten. Konsum,
Genuss, Vergnügen und die vielen guten Jahre
einer stabilen Wirtschaftslage, von der wir
überwiegend den ständig wachsenden Wohlstand,
aber nicht mehr die harte Arbeit in Erinnerung

haben, verleiten uns zu glauben, dass es ewig so
weiter gehen müsste. Wachstum durch ständig
mehr Konsum müsste sein, so glauben wir oder
wird uns zumindest vorgegaukelt. Und wenn wir
Wachstum nicht auf normalem Wege schaffen,
dann wird es durch Schuldenprogramme
erzwungen, was auf jeden Fall Wachstum in der
Finanzwirtschaft schafft!

Folgende Frage sollten wir uns stellen: Ist es
wirklich so ein Unglück, wenn Sie persönlich, ein
Unternehmen oder unser Staat im nächsten Jahr
genau so viel einnimmt wie in diesem Jahr und
nicht mehr?

Ein weit verbreiteter Irrglaube ist, dass unsere
Wirtschaft ohne Wachstum nicht lebensfähig ist.
Dieses Wachstum soll aber nicht durch mehr
Arbeit und Fleiß erreicht werden, Spekulationen
und Zocken sind der vermeintlich einfache Weg –
bis die Blase wieder einmal platzt. Fatal ist
zudem, was der Gesellschaftsforscher Bell schon
1976 über das explosive Paradox des
Kapitalismus schrieb:

„Auf der Seite der Produktion werden weiter
die alten Werte von Fleiß und Ordnung verlangt;
aber der Antrieb der Produktion ist in

zunehmendem Maße materialistischer Hedonismus und psychologischer Eudaimonismus[8]." Mit anderen Worten, der entwickelte Kapitalismus verlangt von den Menschen Elemente der protestantischen Ethik am Arbeitsplatz, aber das genaue Gegenteil jenseits der Arbeit, in der Welt des Konsums. Das Wirtschaftssystem zerstört gleichsam seine eigenen Mentalitäts-Voraussetzungen. Als Bell das schrieb, war der nächste Schritt der Wirtschaftsmentalität noch nicht getan, nämlich der vom Konsumwahn zum fröhlichen Schuldenmachen.

Nicht mehr Kathedralen stehen heute im Mittelpunkt unseres Lebens, es sind die Geldtempel und Börsensäle der allmächtigen Finanzwirtschaft, die nicht nur das Leben und die Skyline prägen und dominieren, sondern die all abendlich sozusagen als Abendandacht zur besten Sendezeit im Fernsehen zelebriert werden. Und wenn dann gar noch mit ernster Stimme verkündet wird, dass die Märkte nervös auf die Herabstufung durch die Gurus der Rating-Agenturen reagieren und der DAX um einige Prozentpunkte gefallen ist, dann ist Angst und Wehklagen bei Politik und den einzelnen Bürgern groß. Dann wird auch mit ernster Stimme erwähnt, dass ein Milliardenbetrag eines renommierten Autoherstellers an diesem einen Börsentag „vernichtet" wurde, obwohl dieses Unternehmen heute, genau wie gestern und morgen, fleißig produziert, hervorragend verkauft, einen hohen Auftragsbestand hat, im letzten Jahr blendend verdiente und eine ausgezeichnete Gewinnprognose für dieses Jahr hat. Verkehrte Welt!

Denn nicht das, was in der Realwirtschaft tatsächlich ist, sondern das, was von den „Märkten" geglaubt wird, zählt. Nicht mehr die Realität und gestandene Wirtschaftskapitäne, sondern bedauerlicherweise die Rating-Agenturen und Finanzanalysten der Investmentbanken bestimmen die Realität in den Augen der Betrachter.

Wie kann es sein, dass ein gut aufgestelltes Unternehmen, das zweistellige Wachstumsraten und Rekordgewinne in einem Jahr einfährt, im nächsten Jahr deswegen ein paar Milliarden weniger wert sein soll, weil es „nur" noch um ein paar Prozente wächst und den Rekordgewinn des letzten Jahres nicht mit einem neuen Rekordgewinn übertrifft? Ist das Unternehmen deshalb schlechter geworden?

5. Sünde Nr. 3 – „Geld-Ökonomismus“, das Übel unserer Zeit

Der dümmste Spruch des letzten Jahrhunderts lautet: Geld arbeitet!

Geld ist eine grandiose Erfindung, die drei wichtige Funktionen erfüllt: Es hat den Güter-Austausch als Zwischentauschmittel erst möglich gemacht, ermöglicht Preisvergleiche und das Aufbewahren von Werten. Ohne Geld wäre unsere Marktwirtschaft nicht denkbar und auch nicht der große Erfolg und Wohlstand, der damit verbunden ist. Geld ist also ein Segen - aber arbeiten tut es nicht. Das müssen schon Menschen wie Sie und ich tun.

Zum Beispiel hat Geld, von Sparern gesammelt, von Banken gebündelt und als Kapital einem Unternehmen oder Häuslebauer zur Verfügung gestellt, unsere Art der Wirtschaft und damit Wohlstand für viele erst ermöglicht. Diese Art des Waren und Dienstleistungen produzierenden Kapitalismus ist zu begrüßen, da sie dem Gemeinwohl dient.

Die Geldvermehrung aus sich heraus
funktioniert aber nicht. **DENK***mal* bitte daran,
was sich hinter den Kulissen abspielt.

…Beispielsweise an der vermeintlichen
Gelddruckmaschine „Strukturierte Papiere“:
Hauskäufer in Amerika nehmen einen Kredit auf.
Der Makler verdient (Geld) und auch der
Bankberater kassiert einen Bonus (Geld). Mit
Hilfe von Beratern werden Tausende dieser
Kredite strukturiert (Geld), von klugen Anwälten
(Geld) formuliert und von Rating-Agenturen
(Geld), nach Beratung, wie man sie so
strukturiert, dass man sie als gut bewerten kann,
mit einem Triple A geadelt (Geld)!

Die Investmentbank (Geld) verkauft das
strukturierte Papier an die irische Tochter einer
deutschen Bank, welche die gestückelten Papiere
(Geld) an ihre Kunden verkauft. Kunden –
vielleicht ja auch Sie - bekommen Zinsen (etwas
Geld). Jetzt fragen Sie sich sicher, wer das ganze
Geld für Banker, Berater, Rating-Agenturen etc.
bezahlt?

Da gibt es nur zwei, die dafür in Frage
kommen! Der Hausbesitzer als Kreditnehmer

oder Sie, falls der Kreditnehmer nicht mehr
bezahlen kann. Und jetzt wird's spannend!

Viele der Hauskäufer in Amerika können ihren
Kredit nicht mehr zurückzahlen, weil die anfangs
sehr niedrigen Zinsen nach 2 Jahren enorm
gestiegen sind und sie als Geringverdiener oder
Arbeitslose nie und nimmer in der Lage waren,
ein Haus zu finanzieren. Da die Häuser oft mit
mehr als 100 % beliehen waren (die Häuserpreise
stiegen ja ständig), ist der Wert durch die Krise
oft auf die Hälfte gesunken und auch dieser Wert
ist oft nur schwer zu realisieren.

Falls Sie jetzt der „glückliche" Besitzer dieser
gut verzinsten Zertifikate waren, sind Sie oft
zweifach an den Verlusten beteiligt. Ihr Zertifikat
ist oft nur noch einen Bruchteil wert und da die
deutsche Bank (z.B. HRE) durch den Staat mit
vielen Milliarden gerettet werden musste, sind Sie
auch an diesen Schulden als Steuerzahler
beteiligt.

Bis auf etwas Gier – auch seriöse Medien
ermunterten ja ebenfalls clever zu sein und
vermeintlich sichere Hochzinspapiere zu kaufen –
kann man Ihnen wenig vorwerfen. Sie sind halt
einfach der Verlierer in diesem „den-Letzten-

beißen-die-Hunde-Spiel". Gibt es auch Gewinner?

Ja, da hätten wir den Makler, den Bankberater, den Anwalt, die Rating-Agentur zweifach – einmal Beratung und einmal Gütestempel – und die deutsche Bank bzw. die Aktionäre bei der Gewinnausschüttung.

Falls die Bank pleite zu gehen droht, wird sie vom Staat, also von uns Steuerzahlern gerettet (*too big to fail*) und falls ihr Zertifikat wertlos wird, ist das Ihr Problem (*too small to count*). Es gibt also Spiele, bei denen immer dieselben die Gewinner und immer die anderen die Verlierer oder die Dummen sind!

Fatal für Sie, dass sich die Spielregeln in unserem Wirtschaftssystem so pervers entwickelt haben und dass unseren Politikern – trotz großer Sprüche nach der Bankenkrise – der Mut fehlt, diese Spielregeln (Regulierung) wieder gerechter zu gestalten.

Geld-Ökonomismus ist also, wenn viel Geld bewegt wird, aber damit keine Werte geschaffen werden. Sprich, wenn das Bruttoinlandsprodukt (BIP) durch Finanztransaktionen erhöht und

dadurch (meist) eine Umverteilung des
Einkommens von Realwirtschaft zum
Finanzsektor erfolgt.

Deshalb ist in diesem Fall das BIP kein
Gradmesser für die Wohlstandssteigerung einer
Volkswirtschaft, sondern der damit verfolgte
Wachstumsfetischismus könnte auch mit BIP =
„**B**lödsinn **I**n **P**otenz" übersetzt werden. Das BIP
und der Reichtum der Wenigen steigen, aber der
Wohlstand der Vielen sinkt.

Fragwürdigen, teils auf Betrug angelegten und
unguten Gewinnen in Teilen des Finanzsektors
stehen hohe Verluste auf Seiten der Menschen
(Verlust des Hauses und Verlust beim Zertifikat)
gegenüber.

*Der dümmste Spruch des letzten Jahrhunderts
lautet: Geld arbeitet!*

Geld ist nie weg. Es ist immer nur woanders.

6. Die Transferunion - 10 Sünden und kein Halleluja

In einem Artikel der *Welt am Sonntag* vom 14. August 2011 ist schön die Chronologie der Sündenfälle unserer Politiker und der Hüter der Währungsunion aufgezeigt. Die Sünden der frühen Vergangenheit wurden durch immer neue Sünden ergänzt und verschlimmbessert und das Erschütternde daran: Man hat aus der Vergangenheit nichts gelernt!

Wiederum will man erst eine gemeinsame Haftung durch Euro-Bonds oder gehebelte Bürgschaften in Billionenhöhe und dann erst im zweiten Schritt sollen von den Sündern auf eigener Leistung basierende, solide und nachhaltige Finanzen hergestellt werden. Es ist das große Manko vieler Politiker, dass sie das Pferd immer von hinten aufzäumen wollen.

Die Politiker stellen nicht etwa die Fragen in den Mittelpunkt, wie ein Land seine Schulden zurückzahlen, bzw. wie es überhaupt wieder so wettbewerbsfähig werden kann, dass die Schulden getilgt werden können, also wie unsere Hilfe zur Selbsthilfe aussieht, sondern sie verbringen 90 % der Zeit mit findigen und

windigen Versuchen, die fälligen Staatsanleihen
durch noch höhere Staatsschulden zu
refinanzieren. Katastrophaler Nebeneffekt: Die
Problemlösung wird so nicht nur verschoben,
sondern auch umso teurer.

Der kluge Spruch des Volksmunds, „lieber ein
Ende mit Schrecken, als ein Schrecken ohne
Ende", wird damit in sein Gegenteil verkehrt.

Aber mal ganz von Anfang an. Schauen wir
uns die sich immer schneller drehende Spirale in
die Katastrophe von den Anfängen der
europäischen Währungsunion bis zu den
„Rettungsschirmen" der letzten Monate an.

90er Jahre: Die Hintertür

Das heutige Schlamassel würde es nicht geben,
wenn nicht schon die Väter der Währungsunion
schwerwiegende Fehler begangen hätten. „Leider
ist man sowohl bei der Auswahl der
Mitgliedsstaaten als auch bei der Überwachung
zu großzügig gewesen", gibt Ex-Bundesbankchef
Hans Tietmeyer später zu. Die gemeinsame
Währung ohne gemeinsame Finanz-, Wirtschafts-
und Sozialpolitik ist früher oder später zum
Scheitern verurteilt.

2003: Die Aufweichung

Deutschland und Frankreich stecken in einer
konjunkturellen Krise, verletzen beide die
Kriterien des Maastrichter Stabilitätspakts und
setzen gemeinsam durch, dass die vorgesehenen
Strafen für Defizitsünder nicht zur Anwendung
kommen. Dies war ein fatales Signal, das
Frankreich und Deutschland nach Europa
aussandten. Portugal und Griechenland nutzen
sofort die somit aufgeweichte Stabilitätskultur
und steigern ihre Staatsverschuldung um 34 % in
Portugal und 40 % in Griechenland. Somit wird
deutlich, dass nicht nur die heute amtierenden
Politiker, sondern bereits auch die Regierung
Schröder/Fischer Verantwortung für die heutige
Misere trägt.

Mai 2010: Der erste Sündenfall

Kanzlerin Angela Merkel bekennt sich noch im
März zum Haftungsausschluss. Wenige Wochen
vor den NRW-Wahlen erklärt ihr Sprecher: „Es
gibt keine Haushaltsmittel für die Griechen".
Kaum sind die Stimmzettel ausgezählt, gilt diese
Zusage nicht mehr und es wird ein Hilfspaket in
Höhe von 110 Milliarden Euro für Griechenland
geschnürt.

Mai 2010: Der zweite Sündenfall

Am 3. Mai kündigt der damalige Chef der
Europäischen Zentralbank (EZB) Jean-Claude
Trichet an, selbst von den Rating-Agenturen mit
„Ramsch-Status" versehene griechische
Staatsanleihen als Sicherheit zu akzeptieren. Dies
war der Einstieg, Staatsschulden mit der
Notenpresse zu finanzieren. Eine Woche später
fällt, entgegen vorheriger Dementis, die
Entscheidung, dass die EZB Griechenland-
Anleihen aufkauft. Dazu erklärte Bundespräsident
Christian Wulff später in seiner vielfach
beachteten Rede im August 2011 in Lindau:

Die Käufe der Europäischen Zentralbank (EZB)
von Staatsanleihen seien „rechtlich bedenklich"
und gingen „weit über ihr Mandat hinaus".

Juni 2010: Der Rettungsschirm

Die Rettung Griechenlands sei nur eine einmalige
Aktion, so deutsche Regierungsvertreter.
Probleme anderer Länder seien unwahrscheinlich.
Trotzdem installieren die Regierungschefs für die
Dauer von drei Jahren die so genannte „European
Financial Stability Facility" (EFSF), gemeinhin
Europäischer Rettungsschirm genannt.

Oktober 2010: Der Spaziergang

Deutschland, das einst selbst den Stabilitätspakt
aufweichte, will ihn nun wieder verschärfen.
Sanktionen sollen automatisch erfolgen und so
politischer Willkür entzogen werden. Strafen
sollen verschärft werden, sogar an
Stimmrechtsentzug der Sünder-Länder oder
Ausschluss aus der Währungsgemeinschaft wird
gedacht. Nach einem Spaziergang von Angela
Merkel und Nicolas Sarkozy sind Automatismus
und Stimmrechtsentzug vom Tisch. Sünder gegen
die Stabilitätskriterien müssen nach wie vor ihrer
Bestrafung selbst zustimmen (Einstimmigkeits-
Klausel!). Ein Schelm, wer Böses dabei denkt...

März 2011: Der Dauerschutz

Der Rettungsschirm sollte nur vorübergehend
aufgespannt werden. Doch schon ein halbes Jahr
später gilt das alles nicht mehr! Ab 2013 gibt es
jetzt einen ständigen Rettungsschirm.
Regelmäßige Auszahlungen an gefährdete Länder
rücken näher. Der „Europäische Stabilisierungs-
Mechanismus" (ESM) beinhaltet nicht nur
Bürgschaften wie die EFSF, nein, jetzt fließt ab
2013 auch Geld. Deutschland ist zunächst mit 22
Milliarden Euro dabei.

März 2011: Die erste Aufstockung

Schein und Sein klaffen beim Europäischen
Rettungsschirm weit auseinander. Offiziell mit
Garantien für ein Volumen von 440 Milliarden
Euro ausgestattet, kann die EFSF in Wirklichkeit
nur über 250 Milliarden Euro verfügen. Damit
könnte Spanien und Italien nur sehr kurz geholfen
werden. Länder mit Spitzen-Rating (Deutschland,
Niederlande, Österreich etc.) stocken ihre
Bürgschaften auf, damit die ganzen 440
Milliarden Euro zur Verfügung stehen.

Juli 2011: Die zweite Aufstockung

So etwas hat Europa noch nicht gesehen. Die
Regierungschefs der Euro-Zone beschließen eine
neue Ausweitung des Rettungsschirms. Nicht
mehr Geld, aber neue Aufgaben. Die EFSF soll
künftig Anleihen wackeliger Länder am Markt
aufkaufen können, ohne dass diese im Gegenzug
strikte Sparauflagen und Reformanstrengungen
einhalten zu müssen. Richtig schlimm aber ist,
dass der Rettungsschirm beim neuen
Rettungspaket für Griechenland jetzt auch jene
Banken finanziell stützen kann, die wegen der
geplanten Beteiligung privater Gläubiger am
erwarteten Schuldenschnitt zu wackeln anfangen.

Teure Rettungsaktionen für Banken werden nun
also auch noch zu einer gemeinschaftlichen
Aufgabe!

August 2011: Die Eurobonds

Die Beschlüsse vom Juli sind noch nicht einmal
umgesetzt, da beschließt die EZB – wegen
weiterer Unruhe an den Märkten – italienische
und spanische Staatsanleihen aufzukaufen.
Gegenleistung: Fehlanzeige! In Berlin setzt ein
Umdenken ein. Die Währungsunion soll um jeden
Preis erhalten werden und deshalb werden
Eurobonds zwar noch verbal abgelehnt, doch
Berlin öffnet sich ein Hintertürchen: Wenn strikte
Bedingungen wie solide Haushaltsführung,
Sparen etc. eingehalten würden, können die
Eurobonds nicht ausgeschlossen werden…

Oktober 2011

Alle weiteren – sinnigen wie unsinnigen –
Vorschläge im September und Oktober
aufzulisten würde den Rahmen dieser Denkschrift
sprengen....

Mittlerweile muss auch die Politik einräumen,
dass Griechenland seine Schulden nicht mehr

zurückzahlen können wird. Trotzdem tut man sich
mit einem Schuldenschnitt schwer, da besonders
die französischen Banken noch nicht genügend
marode griechische Staatsanleihen bei der EZB
abladen konnten und daher wahrscheinlich vom
französischen Staat gerettet werden müssen.
Sarkozys Plan, den Rettungsschirm mit einer
eigenen Banklizenz auszustatten und damit in
unendliche Höhen zu hebeln, machen Merkel und
Schäuble aus Angst vor den eigenen
Abgeordneten im Bundestag nicht mehr mit.

Aber der Hebel, der ja schon als Verstärker der
Bankenkrise eine desaströse Rolle gespielt hat
und von Regierungsmitgliedern noch vor
Monaten scharf abgelehnt wurde, wird jetzt zum
heilbringenden Instrument erklärt. Damit bleiben
zwar die Bürgschaftssummen gleich, aber
natürlich steigt mit der gehebelten Summe auch
das Risiko des Eintritts gleichermaßen. *„O
tempora, o mores"*! Für wie dumm hält man
eigentlich die Parlamentarier und uns Bürger?

**November 2011: Die Ereignisse überschlagen
sich**

Nachdem der Bundestag Ende Oktober, trotz
zahlreicher Warnungen aus allen Parteien, dem

„Hebel" des ESFS auf über eine Billion Euro
zugestimmt hat, überschlagen sich die Ereignisse.

Der griechische Premierminister Papandreou
kündigt eine Volksabstimmung über das
Rettungspaket für Griechenland an. Die Griechen
sollen also entscheiden, ob Rest-Europa sie retten
darf oder nicht. Die Stimmung kippt um –
langsam haben auch unsere Politiker begriffen,
dass Griechenland offensichtlich nicht mehr zu
retten ist. Ein Staatsbankrott Griechenlands
scheint unvermeidlich.

Ausblick: Die Transferunion

Der Marsch in die Transfer- und Haftungsunion
hat begonnen und die große Gefahr besteht, dass
Angela Merkel in nicht all zu ferner Zukunft
wieder vor den Bundestag tritt und Euro-Bonds
als „alternativlos" hinstellt, damit nicht „das Ende
Europas" droht! Ein krudes Verständnis von
Europa, das Europa nur über den Euro sowie die
Rettung der europäischen Banken und nicht über
gemeinsame Geschichte, Werte und die Vision
„Freiheit, Friede und Wohlstand für alle
Menschen" definiert!

Da unsere Spitzenpolitiker oft sagen, was sie
tun wollen, aber leider nicht tun, was sie sagen
(siehe oben), hier mal Klartext, was uns als
Bürger und Steuerzahler nach den Erfahrungen
der vergangenen Jahre erwartet: Aus „Bail-Out
nie"* wurde ein „no Bail-Out light" und jetzt de
facto ein „Bail-Out". Aus einem „Euro-Bond"
wird ein „Euro-Bond aber" und aus einer
„Transferunion nie" droht diese, durch die
Hintertür einzutreten.

Aber nicht nur die Politiker lavieren hier, nach
den vielen Vertragsverletzungen der letzten Jahre,
haarscharf an der Verletzung der Europäischen
Verträge vorbei, nein, auch die Europäische
Zentralbank kennt keine Grenzen mehr.

Somit droht eine europäische Haftung für
Länder, die nicht solide gewirtschaftet haben und
ohne dass Europa einen echten Einfluss auf eine
solide Politik in diesen Staaten hätte.

Pacta sunt servanda (Verträge sind einzuhalten).

*Doch seit dem Maastricht-Vertrag gibt es keinen
europäischen Vertrag, der nicht gebrochen
worden wäre!*

7. Griechenland in Not – Europa in der Klemme

Wenn etwas in diesen unsicheren Zeiten als sicher gelten darf, dann das: Griechenland war nie und nimmer reif für den Euro und nur Tricks, äußerst kreative Buchführung und statistische Betrügereien sollten es als reif für den Euro erscheinen lassen. Das Land war zum Zeitpunkt der Aufnahme-Entscheidung in die Euro-Zone schon mit 114 % Verschuldung des Bruttoinlandprodukts (BIP) weit über der realen Wirtschaftskraft belastet, die Drachme verlor rasant an Wert und Athen kämpfte mit 14 % Inflation.

Jeder Ökonom hätte erkennen müssen: Griechenland ist noch nicht reif und wettbewerbsfähig, sondern befand sich damals noch auf dem Stand eines aufstrebenden Entwicklungslandes. Griechenland trickste, frisierte Statistiken und spielte mit Erfolg die politische Karte.

Der Beitritt, der Italien trotz „Nicht-Erfüllens" der Beitritts-Kriterien in die Euro-Zone ermöglicht wurde, könne doch dem Mutterland

der Demokratie nicht verweigert werden, so die
damalige Argumentation.

„Audi, vide, tace, si tu vis vivere pace" (Höre,
sieh und schweige, wenn du in Frieden leben
willst).

Nach diesem Motto verfuhren die EU und die
Politiker, denn ehrlicher Streit um die Sache, Mut
nach der „Sünde der Aufnahme Italiens" einen
weiteren Sündenfall zu vermeiden und
abzuwarten, bis die Kandidaten wirklich reif für
die Währungsunion wären, war nicht opportun.
Europas Politiker waren also ebenfalls an dieser
Aufnahme-Anfangssünde beteiligt, die der
damalige Finanzminister Theo Waigel heute als
„Todsünde" bezeichnet.

Natürlich wussten Experten damals, wie Ex-
Bundesbankpräsident Hans Tietmeyer in seinem
Buch „Herausforderung Euro" schreibt, dass es in
einigen Ländern „fragwürdige Schönheits-
Operationen gegeben" habe, um Daten über
Inflationsraten, Staatsschulden und Preis-
Entwicklung an die Euro-Vorgaben anzupassen.
Auch die EZB warnte vor der hohen
Verschuldung Griechenlands, aber die
Kommission empfahl die Aufnahme in die

40

Gemeinschaftswährung. Die Politiker stimmten zu, denn einige von ihnen waren ja selber „Sünder“. So lag beispielsweise auch Italien mit 115 % dramatisch über der im Maastricht-Vertrag vereinbarten Schuldengrenze von 60 %.

Der Finanzexperte Otto Graf Lambsdorff nahm hierzu in einem Interview mit dem *Deutschlandfunk* bereits am 28.4.2000 Stellung.

Deutschlandfunk: „Nächste Woche soll Griechenland in den Euroverband aufgenommen werden, ein Land mit ähnlich labilen Finanzhintergründen wie Italien. Und Sie hatten ja seinerzeit vor der Aufnahme Italiens in der ersten Runde gewarnt. Würden Sie den Beitritt Griechenlands wegen der aktuellen Euroschwäche nun vertagen, wenn Sie könnten“?

Lambsdorff: „Ja, selbstverständlich täte ich das. Es war schon damals so, dass die Aufnahme Italiens in der ersten Runde und in der Folge davon dann Spanien und Portugal – aber Italien war auslösendes Moment – eine politische Entscheidung war, aber ökonomisch, währungspolitisch und wirtschaftlich war das kaum vertretbar. Und jetzt Griechenland aufzunehmen bei den dort vorhandenen Zuständen - wirtschaftlich und ökonomisch

immer gesehen - halte ich für einen kapitalen
Fehler. Das wird die Situation weiter
verschlechtern, und ich kann mich nur wundern,
was man den Bürgern eigentlich alles zumutet,
wenn man jetzt diesen Beschluss auch noch
fassen will – zur ungeeigneten Zeit und unter
ungeeigneten Voraussetzungen".

Aber auch jetzt mutet man den Bürgern wieder
viel zu, all zu viel. Denn wieder werden
nüchterne, wirtschaftliche und währungs-
politische Tatsachen aufs Gröbste missachtet und
wieder wird politischen Entscheidungen Vorrang
eingeräumt.

Rettung um jeden Preis. Koste es, was es
wolle. Natürlich den Steuerzahler! Die
Anfangssünde wog schwer, aber noch schwerer
wiegen die Versäumnisse, Unterlassungen und
mangelnde Ehrlichkeit auf der einen und
Wegschauen auf der anderen Seite. Denn „die
Idee des Euro war visionär", sagt Spiegel-
Redakteur Cordt Schnibben, „aber sie fiel in die
Hände von Politikern, die sie kurzsichtig
missbrauchten".

Denn der Euro und der Maastricht-Vertrag
sollten ja die Staaten dazu bringen, solide zu
wirtschaften und sich allmählich anzugleichen.
Der Vorteil, sich über Staatsanleihen billig zu
verschulden, sollte zur Stärkung der
Wirtschaftskraft und Wettbewerbsfähigkeit
genutzt werden. Also, Stärkung der
Rechtssicherheit, Verschlankung der Verwaltung,
Beschleunigung der Privatisierung, Öffnung
geschützter Berufsgruppen, Abbau von
investitionsfeindlichen Strukturen, Umgestaltung
von Energie- und Gesundheitssektor, kurz
Investitionen in eine prosperierende Zukunft und
nicht – wie leider geschehen – in den süßen
Konsum und in Wahlgeschenke.

Diese Party auf Pump ist jetzt vorbei und die
Finanzanleger und Banken, die Staatsanleihen
gekauft haben, sind gemeinsam mit den Rating-
Agenturen nicht wie von Politikern gerne
behauptet, die einzig Schuldigen an der Misere,
sondern müssen in diesem Falle nur als
Sündenböcke für die Fehler der Politiker
herhalten.

Alle oben angeführten Punkte, die für eine
funktionierende und wettbewerbsfähige
Wirtschaft erforderlich sind, sollen jetzt in

wenigen Monaten realisiert werden. Also all das,
was man vorher in 10 Jahren nicht geschafft hat!
Wie glaubwürdig ist das denn?!

Natürlich soll die überwiegende Last dieses
unmöglichen Wegs von den kleinen Leuten
getragen werden, denn die Reichen haben ihre
Vermögen schon ganz solidarisch in den
Steuerparadiesen dieser Welt sicher vor dem
Fiskus geparkt.

Dabei schreien Missstände wie die Zahlung
von Renten an ca. 100.000 bereits Verstorbene in
Griechenland zum Himmel. Allein dadurch
entstand dem griechischen Staat ein Schaden von
1,5 Milliarden Euro. Dieser Vorgang zeigt auch
neben der miserablen Steuermoral, dass es nicht
nur eine materielle, sondern auch eine moralische
Krise zu bewältigen gilt. Es gibt viel zu tun, aber
wie man es auch dreht und wendet:

Griechenland braucht den nun beschlossenen
Schuldenschnitt – wahrscheinlich in noch viel
größerem Umfang - und Zeit, aber nicht, um nur
wieder Zeit für Umschuldungen zu gewinnen,
sondern um Probleme aktiv zu lösen.

Verständlicherweise erschüttert die Menschen
in Griechenland, dass die Zeit des schönen
Lebens auf Pump vorbei ist, aber noch mehr
verbittert sie, dass die Lasten der Vergangenheit
jetzt ungerecht verteilt werden sollen. Rettung der
Banken und „Schweiß, Blut und Tränen" beim
kleinen Mann auf der Straße! Ist es da nicht
verständlich, dass die wütenden Menschen in
Athen auf die Straße gehen?

> *Deutschlands Wirtschaftsethik und*
> *Inflationsangst und Griechenlands Wirtschafts-*
> *und Schuldenmentalität – wird das je mit einer*
> *gemeinsamen Währung funktionieren?*

8. Klartext

Wer auch immer in die Einführung des Gesetzes
„Gesetz zur Änderung des Gesetzes zur
Übernahme von Gewährleistungen im Rahmen
eines europäischen Stabilisierungsmechanismus -
(StabMechG)", vulgo: „Erhöhung des
Rettungsschirms" den Satz „Mit hoher
Wahrscheinlichkeit" sei „nicht mit einer
Inanspruchnahme" zu rechnen geschrieben oder
zu verantworten hat, hat sich schuldig gemacht.

Er hat die Abgeordneten belogen und hat uns
bürgende Steuerzahler betrogen, denn jeder
Mensch mit Zugang zu allgemeinen
Informationen – und für Verfasser von
Gesetzestexten als Fachleute gilt dies allemal –
wusste, dass zumindest im Fall Griechenlands
diese Versicherung im besten Falle eine
Schönfärberei und im schlechtesten Fall eine
fatale und teure Irreführung darstellt!

Griechenland:

- Hat keine Liquiditätskrise, sondern eine
  Solvenzkrise

46

- Hat Staatsschulden, die 2011 bei ca.
  125 % liegen und die voraussichtlich über
  mit 180 % im Jahr 2013 etwa dreimal so
  hoch sein werden, wie nach dem
  Maastricht-Vertrag maximal erlaubt.
- Hat ein Handelsbilanzdefizit, das 2011
  ca. −12 % beträgt (kaum Besserung in
  Sicht)
- Hat ein Bruttoinlandsprodukt, das 2011
  wahrscheinlich um 5-6 % schrumpft
- Hat mit 30 % die zweitniedrigste
  Steuerquote im Euroraum.

Von ca. 4,4 Millionen griechischen
Erwerbstätigen arbeiten etwa 1,5 Millionen im
Staatsdienst und selbst hohe Regierungsvertreter
in Deutschland räumten kurz nach der
Abstimmung über den Rettungsschirm ein, dass
Griechenland ohne einen Schuldenschnitt nicht zu
retten sei!

Um einen Privathaushalt, ein Unternehmen –
als Sanierer von mittelständischen Unternehmen
ist der Verfasser hier nicht ganz unbeleckt - oder
einen Staat wie Griechenland zu sanieren, müssen
immer drei Bereiche in Ordnung gebracht
werden.

1. Die Kostenstruktur muss massiv
   verbessert werden.
2. Es muss ein wettbewerbsfähiges
   Geschäftsmodell entwickelt werden, um
   die Einnahmen zu verbessern.
3. Der Schuldenstand darf nicht so hoch
   sein, dass Zinsbelastungen die
   Sparbemühungen und Einnahme-
   Verbesserungen konterkarieren oder
   auffressen.

Schon die letzten Wochen zeigten, dass
Sparbemühungen (Punkt 1) von der Bevölkerung
in einer Demokratie nur begrenzt akzeptiert
werden, zum Teil wie bei der Privatisierung auch
erst mittelfristig wirken und zudem die Gefahr
droht, durch zu schnelles Sparen das
Bruttosozialprodukt weiter zu schmälern und
damit die Einnahmesituation (Punkt 2) zu
verschlechtern.

Griechenland hat derzeit, und ohne
wettbewerbsfähige Exportindustrie auch nicht in
absehbarer Zukunft, kein Geschäftsmodell, um
die nötigen Zahlungsbilanzüberschüsse zu
generieren.

Im besten Fall gelingt es Griechenland in vielen Jahren, einen ausgeglichenen Haushalt zu erreichen, wobei man nicht vergessen sollte, dass der Exportweltmeister Deutschland dieses in den letzten 20 Jahre ebenfalls nicht geschafft hat.

Und sollten Zeus und alle weiteren Götter gnädig sein, so kann vielleicht eines fernen Tages und nach dem Schuldenschnitt auch die Zinslast getragen werden, aber die Tilgung der bis dahin aufgelaufenen Zins- und Schuldenlast wird von unabhängigen Experten als ausgeschlossen betrachtet. Die jetzt auch von Spitzenvertretern der deutschen Regierung nicht mehr ausgeschlossene „geordnete Insolvenz" muss dann aber zwangsläufig zur teilweisen Inanspruchnahme der Bürgschaften führen.

Diese „Augen-zu-und-durch-Mentalität" von Regierung und Fraktionsführungen, diese Unwahrhaftigkeit und Verteufelung von so genannten „Abweichlern" wie Wolfgang Bosbach und Frank Schaeffler, könnten die Zukunft unseres einst so soliden deutschen Wirtschafts-Modells und die Unabhängigkeit von EZB und unserer Bundesbank gefährden.

Das verbittert viele Menschen, die fühlen, dass
Lavieren, Taktieren und mit immer höheren
Schulden/Rettungsschirmen auf Zeit zu spielen
die Finanzmärkte nicht beruhigen wird, solange
nicht das Grundproblem der überbordenden
Staatsschulden durch seriöse Einsparungen in der
Ausgabenpolitik gelöst wird. Skandalös ist es
zudem, Menschen, die in Sorge um Europas
Stabilität auf diese Gefahren hinweisen, als
„Euro-Skeptiker" und unsolidarische Europa-
Gegner zu diffamieren.

Ganz im Gegenteil, wer gegen die eigenen
Bürger in Deutschland, die den Deutschen fast
heiligen Werte wie Stabilität des Euro – ähnlich
der DM – sowie Unabhängigkeit der Deutschen
Bundesbank/Europäischen Zentralbank aufs Spiel
setzt, hilft zwar wieder einmal den europäischen
Finanzinstituten „ihre Schäfchen ins Trockene zu
bringen", versündigt sich aber an der Vision eines
Europas der Stabilität und der bürgerlichen Werte.

Mut möchte man den Politikern wünschen.
Mut, um *heute* die Weichen für den Ausstieg aus
dem derzeitigen Finanz- und Bankensystem zu
stellen. Denn wie man richtigerweise bei den
Atomkraftwerken der Gefahr *„too dangerous too
fail"* entgehen will, muss die Politik die fast

genau so gefährliche *„too big to fail"*
Kernschmelze mit Billionen-Risiko ebenfalls um
jeden Preis verhindern!

Der Volksspruch „Wer einmal lügt, dem glaubt
man nicht und wenn er auch die Wahrheit
spricht" könnte unsere Politiker schneller
einholen, als ihnen lieb ist.

9. Hebel – die neue Wunderwaffe

Mit Finanzmagie wollen die Regierungen jetzt
das Geld aus dem Rettungsschirm vermehren, um
auch Italien und Spanien abzusichern. Damit
steigt allerdings das Risiko, dass Deutschland
jetzt nicht nur bürgt, sondern auch zahlt.

Bisher verliert die EFSF bei einer Pleite nur
einen Teil der vergebenen Kredite. Ein gehebelter
Rettungsschirm könnte dagegen im Ernstfall sein
gesamtes Geld verlieren.

Ärgerlich auch wieder die Täuschung von
Finanzminister Schäuble im Bundestag. Als
Politiker von SPD und Grünen am 29. September
von Finanzminister Wolfgang Schäuble wissen
wollten, ob er tatsächlich eine EFSF-Blähung
vorhabe, blaffte er nur zurück: Es sei
„unanständig" und „unangemessen", solch ein
Ansinnen überhaupt zu unterstellen. Auch sonst
lavierte sich der inzwischen krisengestählte
Finanzminister verbal um das Thema herum.
Hebel oder nicht, dazu gab es keine klare
Aussage. Nicht gelogen, aber auch wieder einmal
nicht die Wahrheit gesagt.

Aus gutem Grund. Auch Schäuble weiß, dass die Politik an einem riskanten Manöver arbeitet und das sollen die unmündigen Bürger auch nicht so genau wissen, bevor diese wiederum „alternativlose" Entscheidung in trockenen Tüchern ist. Die Hebelung gäbe der EFSF zwar mehr Schlagkraft, gleichzeitig erhöht das Manöver allerdings auch das Risiko, dass der Bürgschaftsfall eintritt.

„Die Hebelung erhöht das Verlustrisiko der EFSF", sagt Hans-Werner Sinn, der Präsident des Münchener Instituts für Wirtschaftsforschung (Ifo) und Mann klarer Worte. „Damit widerspricht der Hebel dem Geiste dessen, was Finanzminister Schäuble dem Bundestag und der Bevölkerung versprochen hat."

Noch nicht einmal 4 Wochen nachdem der Finanzminister Fragen nach dem Hebel als „unanständig und unangemessen" niedergebügelt hatte, war klar: Es soll gehebelt werden. Schäuble spricht inzwischen offen von einer effizienteren Nutzung des Schirms. Das so genannte Versicherungsmodell bedeutet, dass die EFSF nicht mehr selbst Kredite an die betreffenden Länder vergibt, stattdessen würde die EFSF zum Versicherer für Kredite. Credit Default Swaps

(Kreditausfall-Versicherungen, CDS), ein
Instrument, das in der Bankenkrise schon seine
gefährliche Wirkung bewiesen hat, sollen es also
richten!

Der Rettungsschirm garantiert den Käufern
jeder neu ausgegebenen Staatsanleihe einen
Anteil am Wert der Anleihe. Im Gespräch sind 20
Prozent. Aus einem Rettungs-Euro würden
dadurch fünf. Und aus den 780 Milliarden Euro,
die dem erweiterten Rettungsfonds zur Verfügung
stehen sollen, könnten fast vier Billionen Euro
werden. Mit der Hebelung ließe sich das EFSF-
Geld fast beliebig vervielfachen.

Diese Operation erscheint wie clevere
Finanzmagie. Tatsächlich hat die Welt aber in den
vergangenen drei Jahren auf bittere Weise gelernt:
Finanztechnische Finessen können Risiken
verschieben und verschleiern. Aus der Welt sind
sie damit nicht. Und auch das geplante EFSF-
Manöver hat einen hohen Preis. Denn durch den
Hebel verlieren die Länder, die dem Schirm
Mittel zur Verfügung stellen, bei einem
Zahlungsausfall der betroffenen Länder erheblich
mehr Geld, als wenn sie nur Kredite ausgeben
würden. „Die zu erwartenden Verluste steigen
proportional zur Hebelung", sagt Ifo-Präsident

Sinn. „und damit auch der Beitrag der deutschen
Steuerzahler."

Die Euro-Partner kennen das deutlich
gestiegene Risiko, nur gegenüber den
Steuerzahlern wird es nicht ehrlich benannt. Ein
gewagtes Spiel bei der mangelnden Reform- und
Schuldenabbaubereitschaft zum Beispiel eines
Silvio Berlusconi. Fuest, der auch Finanzminister
Schäuble berät, warnt, dass diese Rechnung nicht
automatisch aufgeht: „Die Politik geht davon aus,
dass die durch den Hebel vergrößerte Summe die
Märkte so beeindruckt, dass sie wieder Vertrauen
in die Euro-Länder fassen", sagt Fuest. „Das
klappt aber nur, wenn die Märkte davon
überzeugt sind, dass die betroffenen Länder
langfristig ihre Schulden stemmen können. Ist das
nicht der Fall, droht das gehebelte Geld in der
EFSF auszufallen."

Hinzu kommt: Fiele eines der betroffenen
Länder aus, müssten nicht nur die europäischen
Steuerzahler hohe Verluste verbuchen, sondern
auch die Banken, die das Garantiemodell genutzt
haben. Die Verluste der Institute wären dabei
sogar höher. Im schlimmsten Fall gerieten die
Institute dadurch so sehr in Schieflage, dass sie
wiederum staatliches Geld brauchten. Die Kosten

wären gewaltig. Ein Spiel mit dem Feuer also,
denn wie Ottmar Issing, der ehemalige Präsident
der Bundesbank anmerkt: „So wenig wie man
Gold aus Dreck schaffen kann, so wenig taugen
die Versuche, den Rettungsschirm mit
fantasievollen Konstruktionen aufzublähen".

Die fatale Illusion der Politiker: Keine Politik der Welt kann fundamentale Gesetze der Marktwirtschaft aushebeln.

10. Europa - quo vadis?

Mit ihrer Schuldenpolitik gefährden Politik und
Finanzwirtschaft die europäische Idee. Dies zeigt
sich in der Fragestellung, ob der Weg aus der
Krise über mehr oder weniger Europa führen
muss. Die Antwort darauf ist einfach: Europa darf
sich in dieser Krise auf keinen Fall in seine
Bestandteile auflösen – Europa ist seit 70 Jahren
der Garant für die längste Friedenszeit in Europa,
die es je gegeben hat. Also muss die Frage
vielmehr lauten: WIE kann Europa einen Weg aus
der Krise aufzeigen?

Doch von welchem Europa sprechen wir?
Dem Brüsseler Europa der Europäischen
Kommission, die nicht demokratisch von den
Europäern gewählt wird, sondern zwischen den
Regierungen ausgepokert wird? Oder dem
Straßburger Europa, mit dem Europäischen
Parlament, das demokratisch von 450 Millionen
Europäern gewählt wird? Im Grunde würde es
bereits reichen, die Lissabonner Verträge
konsequent umzusetzen. Diese räumen dem
Europäischen Parlament deutlich höhere
Zuständigkeiten ein, die allerdings nach wie vor
in der Praxis von der Europäischen Kommission
unter Präsident Barroso ausgehebelt werden.

Dazu muss sich Europa endlich bereit finden,
seine Funktionsweise im Rahmen von
Schulungen in die Länder zu vermitteln. So
befinden sich im Europäischen Strukturfonds
2007-2011 noch über 15 Milliarden Euro für
Griechenland, die vor allem deshalb nicht
abgerufen werden, weil die griechischen Beamten
schlicht nicht verstehen, nach welchen
Prozeduren und für welche Strukturprojekte diese
Gelder zur Verfügung stehen.

Das Europäische Parlament könnte diese
Gelder „von oben" direkt an Projekte zuteilen,
anstatt darauf zu warten, dass sie „von unten"
abgerufen werden. Eine solche Verteilung könnte
auch an derartige Bedingungen geknüpft werden,
dass sichergestellt wird, dass diese Gelder nicht
in Pseudoprojekten und damit im Sumpf der
Korruption versickern. Und natürlich gilt dies
auch für die anderen europäischen Länder, die in
Schwierigkeiten stecken.

Heute fordert eine Generation junger Politiker,
die den II. Weltkrieg nur aus den Erzählungen der
Großeltern und den Geschichtsbüchern kennt,
eine Rückkehr zu mehr Nationalstaatlichkeit.
Diese Politiker darf man nicht gewähren lassen,
denn sie setzen ahnungslos einen Frieden aufs

Spiel, den die Gründungsväter Europas unter
größten Schwierigkeiten erkämpfen mussten.

In diesem Zusammenhang werden auch die
Engländer ihre Haltung zu Europa überdenken
müssen - denn es kann nicht sein, dass London
die Vorteile der Europäischen Union genießt,
ohne sich gleichzeitig solidarisch zu zeigen.

In einer globalisierten Welt liegt die Zukunft
nicht etwa in Nationalstaaten und einem
zersplitterten Europa, sondern in einer
gemeinsamen Kraft, die weit über einen reinen
Binnenmarkt hinausgehen muss.

Das vereinte Europa ist von seinen
Gründungsvätern als ein Hort der Freiheit, des
Rechts und der Rechtsstaatlichkeit geplant und
gedacht worden. Die Regierungen, die zum
Schutz des Rechts verpflichtet sind, die EU-
Kommission, die als Hüterin der Verträge agieren
müsste und die EZB, die indirekt insolvente
Staaten finanziert, verstoßen aber eklatant gegen
ihre Pflichten und Statuten.

> *Nicht ein Europa der Schulden, Banken und*
> *Finanzen, sondern ein Europa der Stabilität, der*
> *Werte und der Menschen lautet das oberste Ziel.*

11. Revolution in der Demokratie

Leider haben sich die Menschen im letzten
Jahrhundert angewöhnt, ihr Schicksal zu sehr der
Politik und „Vater Staat" zu überlassen. Die
Einstellung „Die da oben machen ohnehin, was
sie wollen" führt den demokratischen
Grundgedanken, bei dem alle Macht vom Volke
ausgehen soll, ad absurdum.

Schlimmer noch: Selbst die von uns (na ja,
von den weniger als zwei Dritteln aller Bürger,
die überhaupt noch wählen gehen) gewählten
Volksvertreter scheinen selbst praktisch kaum
noch die Macht zu haben, den Dingen eine andere
Wendung zu geben.

Die unser Leben beeinflussenden
Entscheidungen der Politik werden mittlerweile
von abstrakten Größen gesteuert, die niemand
kennt, die keine Adresse haben und die
niemandem gegenüber verantwortlich sind: Die
„Märkte", die „Globalisierung", die
„internationalen Finanzinstitute" beeinflussen
heute die Entscheidungen, welche die Parlamente,
wenn sie überhaupt noch gefragt werden, nur
noch abnicken dürfen. Mit den Bürgerinnen und

Bürgern, also dem Volk als oberstem Souverän,
hat diese Politik nichts mehr zu tun.

Politiker werden heute – durch immense
Staatsschulden ihrer Entscheidungsfreiheit
beraubt – vielfach zu Erfüllungsgehilfen dieser
abstrakten Größen und merken dabei vermutlich
gar nicht mehr, dass hinter diesen abstrakten
Größen Menschen stecken, die ihre Interessen
verfolgen und versuchen, auch noch aus der
letzten Krise einen persönlichen Gewinn
abzuschöpfen.

Wenn heute Atomkraftwerke gebaut werden,
die das Potential haben, ganze Weltregionen
unbewohnbar zu machen, wie zuletzt in Japan,
dann verdienen daran Menschen, die Anteile an
Energiekonzernen halten. Wenn heute ein Staat
Bankrott macht, dann haben daran Menschen
Geld verdient, die in den letzten Zügen des
Finanzsystems dieses Staats unethisch hohe
Zinsen für die letzten Kredite kassiert haben, oder
die auf den Verfall dieses Landes gewettet haben,
bevor dieser Staat das Handtuch werfen musste.

All diese Dinge sind nicht von Gott gegeben,
sondern das Ergebnis des Handelns von

Menschen, denen nicht das Gemeinwohl, sondern ihr ganz persönlicher Profit am Herzen liegt.

Es ist also an der Zeit, sich neu darauf zu besinnen, wie ein Gemeinschaftswesen aufgebaut werden kann. Wieder einmal sind es die einfachen Fragen, die man sich stellen muss: Will ich meinen Kindern und Enkeln unbezahlbare Schulden hinterlassen? Will ich meinen Kindern und Enkeln eine Welt voll Krieg, Hass und Ungerechtigkeit übergeben? Will ich, dass „die Märkte", die „Globalisierung" oder die „internationalen Finanzinstitute" über das Schicksal unserer Kinder und Enkel entscheiden?

Unsere Gesellschaften müssen tatsächlich wieder mehr wie Familienunternehmen geführt werden, mit einer Eigenverantwortung für unser Tun und Handeln, aber eben auch mit der Möglichkeit, selbst zu bestimmen, wie dieses Tun und Handeln aussehen soll.

Das Subsidiaritäts-Prinzips führt dazu, dass Menschen für ihr Handeln wieder Verantwortung tragen. Wenn ein Unternehmer sein Geld im Kasino verspielt, muss er seine Fabrik schließen und die Arbeitnehmer stehen auf der Straße. Wenn ein Lokalpolitiker öffentliches Geld für ein

persönliches Prestigeobjekt verschleudert, wird er
abgewählt. Daraus folgert, je näher Wirtschaft
und Politik an den Menschen sind, umso größer
wird die direkte Verantwortung der handelnden
Personen.

Politik und Wirtschaft müssen sich schleunigst
auf traditionelle Werte wie Verantwortung,
Nachhaltigkeit und Nutzen für die Menschen
besinnen, wenn man die auf uns zukommende
Katastrophe noch vermeiden möchte. Roman
Herzog hat die Schlüsselrolle von Leistung und
Wettbewerb auf den Punkt gebracht:

> *„Die Freiburger Schule" um Walter Eucken und
> Franz Böhm hat klar erkannt, dass
> „Leistungswettbewerb" der beste Weg zu
> Wohlstand und sozialem Ausgleich ist. So wie
> eine Wettbewerbsordnung als das „genialste
> Entmachtungsinstrument der Geschichte"... den
> Konsumenten dient, so ist **jetzt** darüber
> nachzudenken, wie ein Leistungswettbewerb in
> der **Politik** durch Änderungen der **Spielregeln**
> politischer Entscheidungen den gemeinsamen
> Interessen der Bürger weitaus besser dienlich
> gemacht werden kann."*
> *Roman Herzog (Bundespräsident a.D.)*

63

12. Revolution in der Wirtschaft

**Der Zweck von Wirtschaft ist die Wohlfahrt
des Menschen** oder, wie es Ludwig Erhard in
seinem Buchtitel so schön auf den Punkt gebracht
hat: „Wohlstand für Alle".

Wir haben uns aber leider in den letzten
Jahrzehnten von diesem Ziel eher entfernt. Die
realen Arbeitseinkommen sind in den letzten 20
Jahren fast gleich geblieben, die Vermögen der
Reichen haben aber stark zugenommen!

Höchst problematisch ist auch die einseitige
Verengung der Wirtschaft auf den finanz-
wirtschaftlichen Bereich und die Fixierung der
Werte auf Geld und primär die vom „Shareholder
Value" getriebenen finanzwirtschaftlichen
Erfolgs-Kennziffern. Dieser „Geld-Trance" mit
ihrer giergetriebenen Selbstverstärkung konnten
(und wollten?) auch unsere Führungseliten in
Politik und Wirtschaft nichts Wirksames entgegen
stellen.

Die Finanzwirtschaft hat sich von der
Realwirtschaft abgekoppelt und führt ein
Eigenleben, in dem virtuelle Geldvermehrung mit

64

eigens dafür entwickelten Instrumenten wie höchst komplexen Derivaten ohne jeglichen Bezug zur Realwirtschaft betrieben wird. Die Realwirtschaft mit Zahlungsmitteln und Kapital zu versorgen ist schon längst nicht mehr im Fokus dieses in den „Casino-Kapitalismus" abgedrifteten Teils des Finanzsystems. Anmerkung: Damit sind nicht Sparkassen und Volksbanken gemeint – ein Glück, dass es die noch gibt.

Den Mächtigsten/Reichsten im Lande müssen ihre Privilegien und Geldvermehrungsinstrumente weggenommen werden. Es geht nicht an, dass der Mensch zwar arbeitet, aber dem Kapital, mit dem er arbeitet, absolute Priorität und Vorrang gegenüber der Arbeit eingeräumt wird.

Heute gilt „Kapital vor Mensch" und so kommt es, dass in den letzten Jahren die Schere zwischen Reich und Arm immer weiter auseinander gegangen ist. Ehrliche Arbeit mit „Hand und Verstand" schafft den meisten nur ein gutes Auskommen (wenn überhaupt), Reichtum erwirtschaftet man überwiegend nur mit Geldgeschäften wie Spekulationen mit Derivaten. Dass diese „Massenvernichtungs-Waffen", wie Warren Buffet sie bezeichnet, in der realen Welt

der Menschen oft massive „Kollateralschäden"
anrichten – beste Beispiele sind Arbeitslosigkeit
und Spekulationen bei Nahrungsmitteln -, sind
die traurigen Nebenwirkungen dieses entarteten
Kapitalismus.

Unsere Politiker sowie unser Markt-
Wirtschaftssystem müssen wieder den
Unternehmen, die echte, reale und Wohlstand
mehrende Produkte und Dienstleistungen
herstellen, Priorität einräumen und Geschäfte, die
nur der reinen Geldvermehrung dienen, durch
Instrumente wie der Finanztransaktionssteuer
eindämmen oder sie schlichtweg verbieten.

Unsere soziale Marktwirtschaft ist mit ihrem
zu starken Wachstums- und Geldfetischismus und
der Bevorzugung der Finanzwirtschaft mit ihrer
reinen Orientierung am „Shareholder Value" in
eine Sackgasse geraten. Es wird höchste Zeit,
dass wir wieder die Interessen der Menschen in
den Mittelpunkt unsere Bemühungen stellen.

Es ist Zeit für eine „Humane
Marktwirtschaft"! Was so einfach und logisch
klingt, wäre aber eine Revolution. Nicht mehr
Geld und die mächtige Finanzwirtschaft regieren

die Welt, sondern wieder der Mensch und seine
Volksvertreter. Zu schön, um wahr zu werden!

*Der Zweck von Wirtschaft ist die Wohlfahrt des
Menschen oder, wie es Ludwig Erhard in seinem
Buchtitel so schön auf den Punkt gebracht hat:
"Wohlstand für Alle".*

13. Humane Marktwirtschaft – der Mensch im
   Mittelpunkt der Wirtschaft

Wenn die bisherigen Rettungsbemühungen aus
der Krise – wobei vordergründig Staaten und
Menschen, in Wirklichkeit aber oft Banken und
Investoren gerettet werden sollen - etwas klar
gezeigt haben, dann das: Der finanzgetriebene,
Gier und Geldvermehrung in den Mittelpunkt
wirtschaftlichen Handelns stellende Kapitalismus,
hat sich als Sackgasse erwiesen.

Befeuert durch immer mehr Schulden und
Wachstumsfetischismus um jeden Preis ist er an
seine Grenzen gestoßen. Wirtschaftliche
Grundregeln wie Einnahmen und Ausgaben von
Staaten müssen irgendwann miteinander in
Einklang gebracht werden, lassen sich nicht
unbegrenzt und ungestraft aushebeln. Die
eklatante Verletzung dieses Grundsatzes und den
daraus folgenden Vertrauensverlust haben aber
Politiker und nicht die bösen Spekulanten zu
verantworten

Unser Wirtschaftssystem muss wieder
zurückfinden zu Maß und Mitte, wie Ludwig
Erhard sagen würde. Der Mensch und seine
Bedürfnisse müssen wieder in den Mittelpunkt

gestellt werden, Unternehmen, die Werte
schaffen, müssen wieder Vorrang vor reinen
Geldvermehrungs-Institutionen bekommen. Nicht
Kapitalismus pur, nicht Marktwirtschaft mit
sozialem Ausgleich am Ende eines unregulierten,
verzerrten und damit ungerechte Ergebnisse
produzierenden Wirtschaftsprozesses, sondern
eine echte, am Menschen orientierte „Humane
Marktwirtschaft" ist das Wirtschaftsmodell der
Zukunft!

Drei große Bereiche sind in unserer Sozialen
Marktwirtschaft massiv aus dem Ruder gelaufen
und müssen dringend reformiert werden. Die in
der Freiburger Schule entwickelte Ordnungs-
Politik wurde unverantwortlich stark verwässert,
die solide Haushaltspolitik wurde zugunsten einer
munteren Schuldenkultur sträflich vernachlässigt
und Werte, die nach dem Krieg das Wirtschafts-
Wunder ermöglichten, sind aus der Mode
gekommen.

Schon Ludwig Erhard beklagte, dass die
Ordnungspolitik, das von der Freiburger Schule
entwickelte Fundament unsere Marktwirtschaft,
ausgehöhlt wurde. Mit immer größerer
Geschwindigkeit sind viele Wirtschaftspolitiker
vom Pfad der Tugend abgewichen. Höhepunkt

war dann die ausufernde Deregulierung, gerade auch im Finanzbereich, die wesentlich mit Schuld daran ist, dass die von Warren Buffett als „Massenvernichtungs-Waffen" bezeichneten, rein spekulativen Derivate mit ungeheurer Hebelwirkung außerhalb jeglicher Kontrolle entstehen konnten.

„Back to the roots", zur ursprünglich so segensreichen Ordnungspolitik mit Kartellrecht, persönlicher Haftung, echtem Wettbewerb und einem starken Staat, der diese Regeln setzt, kontrolliert, sanktioniert und auch selber einhält, ist hier das Gebot der Stunde.

Davon sieht man allerdings nichts, denn anstatt diese Fehlentwicklungen und Auslöser der aktuellen Krise anzupacken, versuchen wir die daraus resultierenden Fehler und Schulden mit immer größeren Schuldenpflastern zuzukleistern!

Der *zweite* wichtige Punkt ist die Abkehr vom übermäßigen Pump-Kapitalismus. Solide Finanzierung mit entsprechendem Eigenkapital – nicht reine Fremdfinanzierung, um die Kapitalrendite künstlich und riskant nach oben zu treiben und bei der kleinsten Krise in die Knie zu gehen – das muss wieder der Maßstab werden.

70

Firmen müssen wieder mehr in ihre Mitarbeiter „investieren", nicht nur in Sonntagsreden, sondern auch im Alltagsbetrieb. Gewinn ist wichtig, aber nur dem Quartalsprofit als alleiniger Erfolgsgröße der reinen „Shareholder Value"- Ausrichtung zu huldigen, ist langfristig der falsche Weg. Kapital, besonders haftendes Eigenkapital ist wichtig, aber die sonstigen „Shareholder" wie Mitarbeiter, Kunden, Lieferanten, Region etc. tragen auch zum Gedeihen, Funktionieren und dem Erwirtschaften von Gewinnen bei und müssen daher auch ihren gerechten Anteil bekommen.

Solidität, langfristiges Denken und Handeln, das Ausbilden von Lehrlingen und nicht nur über den Facharbeitermangel zu klagen, sich aktiv und verantwortungsvoll in seiner Region zu verankern - das war das Erfolgsmodell vieler kleiner und mittelständischer Unternehmen und ist es auch in der Zukunft.

„*Last, but not least*" ist es Zeit, wieder wie der gute alte „Ehrbare Kaufmann" zu handeln. Der hatte nämlich Erfolg dank Anstand und Ethik und nicht trotz Ethik. Das ist „Humane Marktwirtschaft", die man nicht erfinden muss, sondern die schon immer in gut geführten

Familienunternehmen erfolgreich praktiziert
wurde und wird. Und wie sich in der Krise
gezeigt hat, schneidet diese „Humane Markt-
Wirtschaft" nicht nur in der Hochkonjunktur,
sondern auch in schwierigen Zeiten besser ab!

Drittens müssen wir wieder die Reihenfolge
unserer Werte richtig justieren. Derzeit regiert das
Prinzip „Vorfahrt hat das Geld vor dem
Menschen" und „Geld (nicht etwa die
Volksvertreter) regiert die Welt". Kurzfristige
Gier statt langfristiger Bedürfnisbefriedigung
bestimmt weitgehend das Handeln, kurzum,
unsere Werteordnung ist aus dem Lot geraten.

Ist dies nicht die Stelle, an der wir den Hebel
ansetzen müssen? Müssen wir nicht schon in der
Erziehung wieder mehr Wert auf Werte legen?
Müssen wir nicht Menschen durch eine breite,
gute Ausbildung zu denkenden, mündigen
Bürgern einer Gesellschaft ausbilden und ihnen
eine Chance geben, ihren Lebenstraum in Freiheit
und Eigenverantwortung zu leben?

Noch ist es bei uns nicht so schlimm wie in
anderen Staaten, wie beispielsweise in Spanien
(Jugendarbeitslosigkeit von 45%), wo eine ganze
Jugendgeneration trotz bester Ausbildung nicht in

72

den Arbeitsmarkt integriert wird und zu Recht
gegen dieses Versagen der Politiker rebelliert.

Aber auch hier gibt es viel zu tun und wenn
wir nicht endlich umsteuern und sich die Politik
wieder weniger um das „Reparieren" von
selbstverschuldeten, fragwürdigen Ergebnissen
des Wirtschaftsprozesses bemüht, sondern mehr
um viel stärkere Investitionen in Bildung, eine
saubere Ordnungspolitik und die Neujustierung
der Wertelandschaft, dann verspielen auch wir die
Zukunft der nächsten Generationen.

Menschen in der Wirtschaft sind die
wichtigsten Akteure und nicht nur ein
Kostenfaktor. Menschen dürfen von der Politik
nicht nur als unmündiges „Stimmvieh" betrachtet
werden", sondern müssen am Entscheidungs-
Prozess von Wirtschaft und Gesellschaft beteiligt
werden – das wäre eine erstrebenswerte Vision
für eine „Humane Marktwirtschaft" und eine
lebens- und liebenswerte Gesellschaft!

*Humane Marktwirtschaft kurz auf den Punkt
gebracht: „Leistung, Erfolg **und**
Menschlichkeit."*

14. Die betrogene Generation oder das Recht
auf Zukunft

Wenn man den Gedanken aufgreift, dass Staaten
und Unternehmen nach den Werten einer Familie
oder des „Ehrbaren Kaufmanns" geführt werden
müssen, dann ist es ein Trauerspiel, was wir
gerade den kommenden Generationen
hinterlassen.

Nicht nur, dass wir diesen Planeten auf der
Jagd nach ihren letzten Ressourcen verwüsten,
wir sorgen auch noch dafür, dass unsere Kinder
und Enkel derart mit Schulden überhäuft werden,
dass sie eigentlich gar nicht anders können, als
eines Tages eine Revolution gegen ihre Eltern
anzuzetteln.

Das Zauberwort heute heißt nicht mehr
„Bitte", sondern „nur wer lügt, kommt kurzfristig
weiter". Auch das sind Werte, die wir unseren
Kindern vermitteln. Dabei haben diese Lügen die
seltsame Angewohnheit, maximal vier Jahre lang
gültig bleiben zu müssen. Nämlich bis kurz nach
den nächsten Wahlen.

Beispiele? Wollte man auch nur einen
repräsentativen Durchschnitt durch die Lügen der

Politik und Wirtschaft geben, dann würde das
bereits eine Enzyklopädie mit Ausmaßen des
Großen Brockhaus füllen. Nehmen wir einfach
mal ein paar ganz grobe Dinge zur Illustration
und zum Nachdenken.

So wurde vor Jahresfrist ein „Crashtest" für
die europäischen Banken organisiert, bei dem die
Verantwortlichen aus Politik und Banken
wissentlich den Parameter „Staatsanleihen"
ausklammerten um sicherzustellen, dass die
Banken diesen Test auch bestehen konnten. Von
91 getesteten Banken bestanden dann auch 82
diesen Test und behaupteten dann frech, so gut
aufgestellt zu sein, dass sie die nächste Krise
meistern könnten. Ergebnis: Nur ein Jahr später
benötigen alleine die europäischen Banken erneut
mindestens 200 Milliarden Euro (200 000 000
000 €).

Wir verseuchen unsere Luft, unsere Meere und
das Land. Immer im Interesse des „Shareholder
Value". Jetzt, wo die fossilen Brennstoffe fast
erschöpft sind, setzt die Welt wieder mehr auf
Atomkraftwerke. Wie sicher die sind, hat man ja
gerade in Fukushima gesehen. Wir bringen den
kommenden Generationen so wenig Respekt
entgegen, dass wir ihnen als Morgengabe

tickende Zeitbomben hinterlassen. Oder wir
bohren so ungeschickt in den Weltmeeren, dass
wir dabei das maritime Gleichgewicht auf
Jahrhunderte vernichten. Als „Lösung" beginnen
wir damit, in Kanada Öl aus Sand zu
schwemmen, wobei giftige Chemikalien in die
Weltmeere geleitet werden. Egal, egal, unsere
Kinder können es ja anders machen, wenn ihnen
das nicht passt.

Dabei geben wir unseren Kindern nicht einmal
eine reelle Chance. Bildung wird zum Luxus, wer
sie sich nicht leisten kann, der kann auch nicht
mehr studieren. Wer allerdings studiert hat, wird
in das Heer der „Generation Praktikum"
eingereiht. Talentierte junge Menschen
bekommen keine Chance mehr, sich richtig ins
Berufsleben einzubringen, sondern sie werden
unterbezahlt verheizt, was dann wiederum das
Problem aufwirft, dass sie gleichzeitig die Rente
der Vorgenerationen erwirtschaften sollen, selbst
aber keine Ansprüche aufbauen können. Wir
bringen dieser Generation nicht nur die falschen
Werte bei, sondern betrügen sie um ihre eigene
Zukunft. Ist das der Segen unserer westlichen
Zivilisation?

Wer würde das, was wir als Gemeinwesen
gerade den kommenden Generationen antun,
seinen eigenen Kindern antun? Niemand! Und
dennoch lassen wir zu, dass die Welt für die
kommenden Generationen zerstört, überschuldet
und perspektivlos wird – wäre nicht JETZT der
Zeitpunkt gekommen, umzudenken und in eine
ganze andere Richtung zu handeln?

Nach der ersten Bankenkrise brauchen die
europäischen Banken nun schon wieder 200 000
000 000 € - bezahlen sollen das unsere Kinder.
Ein schönes Erbe, das wir da hinterlassen!

15. Denkt nach und empört euch!

Es geht uns doch gut! Zumindest den meisten von uns und bei den gar nicht mehr so wenigen anderen können wir *noch* wegschauen.

Es stimmt natürlich auch, dass es den bei uns laut Definition „Armen", verglichen mit den Ärmsten der Welt, die immer noch oft verhungern, relativ „gut" geht. Aber nicht wenige haben Angst vor der Zukunft und sorgen sich um die Auswirkungen der längst entstandenen Zwei-Klassen-Gesellschaft.

Auf der einen Seite steht die reiche Finanzwirtschaft, mit hohen Gewinnen und Boni bei guter Konjunktur sowie Rettung durch den Steuerzahler, wenn Verluste drohen und auf der anderen Seite immer öfter eine verarmende Restgesellschaft, die immer nur der zweite Sieger ist und letztlich systematisch die Zeche bezahlen muss. Nicht zuletzt auch bei der Bankenrettung, wo aufgrund einer fehlenden Ordnungspolitik und der unseligen Deregulierung wieder einmal die Steuerzahler zur Kasse gebeten wurden.

Wann ist endlich die Empörung so groß, dass auch in Deutschland ähnlich wie in Amerika die

Bürger auf die Straße gehen und die Parteien zum
Umdenken zwingen? Nicht um den Kapitalismus
abzuschaffen, sondern um ihn zu reformieren:
Gefordert sind ein geringerer Einfluss der
Finanzmärkte und ihre echte Regulierung,
insbesondere das von vielen geforderte Verbot
des Handels mit gefährlichen Derivaten sowie
den unseligen Leerverkäufen. Wir brauchen heute
„Schranken für Banken", damit sich die großen
Geldhäuser wieder mehr um Kredite für die
Realwirtschaft als um Derivate kümmern.

Und – wir brauchen eine gerechte Verteilung
sowohl der Krisenkosten als auch der in der
Realwirtschaft geschaffenen Werte.

Die Wertschöpfung in Industrie und Handwerk
darf nicht weiter eine dienende Rolle für die stark
spekulativ ausgerichtete reine Geldvermehrungs-
Ideologie spielen. Das ist logisch für uns normale
Bürger, aber nur schwer von Politikern
durchzusetzen, die massiv von einer mächtigen
Finanzlobby bedrängt werden.

Sie sind wegen der übermäßigen Staats-
Verschuldung vom Finanzsektor abhängig und
die einzig echte Lösung, nämlich der Abbau der
Schulden durch eisernes und schmerzhaftes

Sparen, ist für Politiker ein Thema, mit dem sie
meinen, keine Wahlen gewinnen zu können.
Nicht zuletzt spielt dabei auch die eigene Karriere
der Politiker eine Rolle.

Soll man sich nicht empören, wenn die
maßgeblichen Auslöser und Nutznießer der Krise
geschont werden, wir Bürger aber fremdbestimmt
und hilflos sind und das Gefühl nicht los werden,
das politische System und „systemrelevante
Banken" müssen um jeden Preis (auf unsere
Kosten) gerettet werden, während die Menschen,
ob in Griechenland oder anderen Staaten in
Europa, auf der Strecke bleiben?

Soll man sich nicht empören, wenn die Lasten
der alten Bankenkrise noch gar nicht getilgt sind
und die Banken schon wieder gerettet werden
müssen, nur weil nach der letzten Rettung großen,
markigen Worten der Politiker nur kleine zaghafte
Regulierungsschritte folgten?

Soll man sich nicht empören, dass damit die
zweite große Umverteilung zugunsten des
Bankensektors stattfindet, obwohl im letzten Jahr
ja wieder munter Gewinne und „Riesen-Boni"
ausgeschüttet wurden? Schätzungen lauten auf

etwa 140 Milliarden Dollar, die 2010 als Boni an
der Wall Street ausgeschüttet worden sind!

Und soll einen dieser „*Circulus horribilis*",
dieser „Teufelskreis", nicht empören -nämlich
dass Staaten (bzw. die EZB) ihre Banken mit
spottbilligem Geld versorgten und versorgen?

Soll man sich nicht empören, dass dieses Geld
überwiegend in Spekulationen floss, die Banken
nach dem Platzen der Spekulationsblase erneut in
Bedrängnis gerieten und deshalb wieder von den
Staaten gerettet werden mussten? Dass die
Länder zum Teil durch die Rettung der Banken
durch stark gestiegene Schulden selbst in
Bedrängnis kamen und die von den Banken
gekauften Staatsanleihen nicht mehr oder nur
teilweise bedienen können?

Soll man sich nicht empören, dass jetzt die
Banken von den noch (wie lange) solventen
Staaten gerettet und mit viel Geld ausgestattet
(rekapitalisiert) werden müssen, um weiterhin
den Staaten die Staatsanleihen abzukaufen? Ist es
nicht an der Zeit, gegen diese Teufelskreise und
Perversionen aufzubegehren?

81

Besonders empören kann aber, dass kein
Politiker dieses System zu durchbrechen wagt
und alle billigend in Kauf nehmen, dass am Ende
immer wir Steuerzahler die Zeche bezahlen
müssen! Und seien wir ehrlich: Die Finanz-
Jongleure nutzen nur das System - geschaffen
wurde es durch Politiker, die es jetzt auch
reparieren müssten.

Es ist an der Zeit, dass auch wir in
Deutschland, ähnlich wie in den USA mit der
„Besetzt Wall Street"-Bewegung, auf die Straße
gehen, um dieser Empörung Ausdruck zu
verleihen.

Es ist ein Trauerspiel, dass man bei uns nur die
so genannten „Wutbürger" (meist älter, gesättigt,
konservativ, grüne Besitzstandswahrer) gegen
Infrastrukturprojekte wie Bahnhöfe, Bahntrassen,
Stromleitungen und Speicherkraftwerke auf der
Strasse sieht und sich der größte Teil der
Bevölkerung dieses traurige Untergangs-Szenario
der Staatsschulden nur noch passiv am Fernseher
anschaut.

Und wann endlich beschwert sich die Jugend,
protestiert gegen die Ausbeutung in der xten

schlecht bezahlten Praktikantenstelle und die
schlechten Einstiegschancen?

> *Was muss noch passieren und welcher Tropfen*
> *bringt das Fass endlich zum Überlaufen?*

16. Cogita et age – ein Aufruf

*„Das im Westen herrschende materialistische
Maximierungsdenken hat die Welt in eine Krise
gestürzt, aus der wir uns befreien müssen. Wir
müssen radikal mit dem Rausch des „Immer noch
mehr" brechen, in dem die Finanzwelt, aber auch
Wissenschaft und Technik die Flucht nach vorn
angetreten haben. Es ist höchste Zeit, dass Ethik,
Gerechtigkeit, nachhaltiges Gleichgewicht unser
Anliegen werden. Denn uns drohen schwerste
Gefahren, die dem Abenteuer Mensch auf einem
für uns unbewohnbar werdenden Planeten ein
Ende setzen könnten."*

Dies schrieb der französische Philosoph
Stéphane Hessel in seinem Aufruf: „Empört
Euch"!

Empören wir uns, mischen wir uns ein und
stehen wir auf, denn das Schlimmste ist
Gleichgültigkeit, Nichtstun und sich und die
Gesellschaft wider besseres Wissen treiben zu
lassen! Und wer könnte es nicht mit Händen
greifen? Vieles läuft fundamental schief und wer
hinschaut, kann es sehen, wissen und versündigt
sich durch Nichtstun an unserer Bürger-
Gesellschaft und der Zukunft unserer Jugend!

Angst treibt die Politiker – die Angst vor den
allmächtigen Märkten. Es ist aber an der Zeit,
dass die Politiker Angst vor uns Bürgerinnen und
Bürgern bekommen, denn wir sind die Haupt-
Leidtragenden der aktuellen Krise! Wir sind die
99%, wie die „Occupy Wall Street" Bewegung
sagt!

Und es ist an der Zeit, dass alle, aber
insbesondere die Partei- und Fraktionsführer
wieder einen soliden inneren Wertekompass für
Fairness und eine Politik von Maß und Mitte
gewinnen. Wir als Bürgerinnen und Bürger sind
dabei keine Zuschauer, sondern müssen unsere
Verantwortungsträger immer und immer wieder
an ihre Pflicht hierzu erinnern!

Wir dürfen nicht länger kommenden
Generationen unsere Schuldenberge hinterlassen.
Rentner- und Pensionärs-Generationen zu tragen,
gleichzeitig Kinder aufziehen, Bildungschancen
zu verbessern und zu finanzieren und für die
eigene Rente vorzusorgen – dies dürfen wir nicht
länger unseren Kindern aufbürden!

Doch seltsam - unsere Jugend sitzt ruhig da
wie Frösche im lauwarmen und langsam immer
heißer werdenden Wasser!

85

Wissen Sie es nicht, wollen sie es nicht wissen
oder sind sie so dumm, sich von Politik und
Medien einlullen zu lassen?

Warum kämpfen sie nicht um ihr Recht einer
hochwertigen und kostenlosen Bildung, wie wir
sie hatten?

Warum revoltieren sie nicht gegen die immer
erdrückender werdende Schuldenlast? Warum
fordern sie nicht Mitsprache, Mitbeteiligung und
echte Demokratie ein? Warum nicht eine echte
Transparenz der politischen Prozesse?

Denn eines ist klar, die Durchsetzung einer am
Menschen orientierten und nachhaltigen
„Humanen Marktwirtschaft" und einer wieder
wirklich demokratisch legitimierten Politik, mit
der Vision einer lebenswerten Zukunft für die
kommenden Generationen, geschieht nicht von
alleine.

Gefährlich wäre es auch, auf diese dringend
notwendige gesellschaftliche Entwicklung und
Umorientierung einfach zu warten, denn dann
könnte die etwas pessimistische These von Max
Planck für die wissenschaftliche Wahrheit auch
auf die Gesellschaft zutreffen.

„Eine neue wissenschaftliche Wahrheit pflegt sich nicht in der Weise durchzusetzen, dass ihre Gegner überzeugt werden und sich als belehrt erklären, sondern vielmehr dadurch, dass die Gegner allmählich aussterben und dass die heranwachsende Generation von vornherein mit der Wahrheit vertraut gemacht ist."

Es ist also höchste Zeit, die junge Generation mit der Wahrheit vertraut zu machen, damit sie aktiv zum Aussterben des alten, derzeit gültigen Gedankenguts beiträgt.

„Allons enfants de la patrie" - steht auf, denn auch Ihr könnt und müsst Euch Euer Recht auf ein Europa der Zukunft in Freiheit und Wohlstand erstreiten!

„Liberté, Egalité et Fraternité", das sind die Parolen, mit denen in der französischen Revolution bürgerliche Rechte und Freiheit erkämpft wurden, mit denen auch unsere Generation glücklich geworden ist. Beginnt mit dem Denken, dem Verstehen eurer Situation, mit dem Handeln und nehmt eure Zukunft in die Hand!

Trefft Euch in Gruppen, diskutiert mit
Freunden, Bekannten und Nachbarn, geht auf die
Straße und sagt laut und deutlich, was euch nicht
passt und wie ihr euch eine bessere Zukunft
vorstellt! Macht bei friedlichen Aktionen mit,
schließt euch in Netzwerken zusammen und nutzt
dabei die neuen Medien, wie es uns die Völker in
Nordafrika gerade vormachen! Lasst euch die
Ungerechtigkeit nicht länger gefallen und kämpft
gemeinsam mit uns Alten!

Daher der Aufruf: HANDELT! Startet endlich
eine friedliche Revolution, bevor die Zukunft die
Tage von uns Alten vergiftet, Eure Vision eines
glücklichen Lebens frisst und den Europäischen
Traum von Frieden in Wohlstand und Freiheit
zerstört! HANDELT!

> # *Cogita **et** age!*
> # *(Denke **und** handle!)*

17. Glossar

Bad Bank
Eine Bad Bank ist eine Zweckgesellschaft zur
Bereinigung von Bankbilanzen. Banken können
gegen eine Ausgleichszahlung hoch
abschreibungsgefährdete Finanzaktiva zeitlich
befristet auf eine Bad Bank übertragen und sich
so vor zusätzlichen Wertberichtigungen und
damit vor einer darin begründeten weiteren
Verschlechterung ihrer Solvenzsituation schützen.

Bail-Out
Die „No-Bail-Out"-Klausel (Art. 125 Lissabon-
Vertrag) besagt, dass kein Staat für
Verbindlichkeiten und Schulden eines anderen
EU-Mitgliedsstaates haften oder aufkommen
muss.

Basel **III**
Im September 2010 einigten sich die Gruppe der
Zentralbankpräsidenten und Leiter der
Bankenaufsichtbehörden im Baseler Ausschuss
für Bankenaufsicht auf eine Weiterentwicklung
der BASEL II-Vorschriften. Dieses unter dem
Namen Basel III benannte Regelwerk schreibt
den Banken künftig vor, mehr und qualitativ
höherwertiges Kapitel vorzuhalten. Banken sollen

damit deutlich mehr Eigenkapital haben, um
mögliche Verluste selbst aufzufangen und um
sich so im Krisenfall aus eigener Kraft
stabilisieren zu können.

Bruttoinlandsprodukt (BIP)
Das BIP ist ein zentrales Maß für die
wirtschaftliche Leistung einer Volkswirtschaft
oder Wirtschaftsregion in einem bestimmten
Zeitraum. Dabei werden alle innerhalb der
geografischen Grenzen einer Volkswirtschaft in
einer Periode erstellten und zu Marktpreisen
bewerteten Waren und Dienstleistungen
einbezogen, soweit diese nicht als Vorleistungen
für die Produktion anderer Waren und
Dienstleistungen verwendet werden. Zum
zeitlichen Vergleich der wirtschaftlichen
Leistungskraft einer Volkswirtschaft wird
üblicherweise das reale Bruttoinlandsprodukt
verwendet, das nicht in laufenden Preisen
gemessen wird, sondern in konstanten Preisen
eines bestimmten Basisjahres.

Covered Bonds
Covered Bonds sind gedeckte Schuld-
Verschreibungen. Deren Merkmal ist der
zweifache Schutz der Anleger durch einerseits
Haftung des ausgebenden Finanzinstituts (meist

eine Bank) und andererseits Deckung durch einen
speziellen Sicherheitenpool, bestehend meist aus
erstklassigen Hypotheken oder Anleihen des
öffentlichen Sektors, auf die die Anleger
bevorrechtigt zugreifen können. Damit
unterscheiden sich Covered Bonds sowohl von
vorrangigen, aber ungesicherten Schuldtiteln als
auch von forderungsunterlegten Wertpapieren
(ABS), die über keine Haftung durch den
Emittenten verfügen. Eine wichtige Form von
Covered Bonds sind Pfandbriefe.

DAX
Aktienindex, der die 30 stärksten deutschen
Aktien beinhaltet.

Deregulierung
Beseitigung bzw. Abbau rechtlicher Regelungen,
die das Funktionieren der Güter-, Arbeits- und
Finanzmärkte einschränken. Durch liberalere
Rahmenbedingungen (z. B. mehr Wettbewerb)
sollen die Leistungsanreize für Unternehmen und
Arbeitnehmer erhöht werden.

Euro-Bonds
Als Eurobonds wird eine angedachte zukünftige
Anleihe bezeichnet, für welche alle EU- Staaten

oder alle Staaten der Eurozone zusammen und
gesamtschuldnerisch haften.

Euro-Krise
Derzeit falsch verwendeter Begriff für die
Bankenkrise und Staatsschuldenkrise.

EFSF (European Financial Stability Facility)
Die „Europäische Stabilisierungsfazilität" wurde
2010 von den EU-Staaten eingerichtet, um die
finanzielle Stabilität in Europa zu sichern, indem
Staaten des Eurosystems Unterstützung gewährt
werden kann. Die Fazilität kann am Kapitalmarkt
Mittel in Höhe von maximal 440 Milliarden Euro
aufnehmen. Die Wertpapiere sind durch
Garantien der Staaten des Eurosystems
entsprechend ihrer Eigenkapitalanteile an der
EZB gedeckt.

EZB-Rat
Der EZB-Rat ist das oberste Führungs- und
Entscheidungsgremium des Eurosystems und der
EZB. Der EZB-Rat setzt sich aus den sechs
Mitgliedern des EZB-Direktoriums und den
derzeit 16 Zentralbankpräsidenten des
Eurosystems zusammen. Er tagt normalerweise
alle 14 Tage, jeweils am Donnerstag. Der EZB-
Rat trifft die politischen Entscheidungen für das

Eurosystem, insbesondere auch über die
Geldpolitik. Seine Mitglieder sind in ihren
Entscheidungen von jeglichen Weisungen seitens
der Regierungen der Euroländer, der EU-
Kommission oder anderer Institutionen bzw.
Personen unabhängig. Dem EZB-Rat ist durch
den EG-Vertrag gesetzlich vorgeschrieben, das
Ziel Preisstabilität vorrangig zu verfolgen.

Finanzinnovationen
Sammelbegriff für neue Finanzinstrumente,
Märkte und Handelstechniken. Beispiele für
Instrumente sind etwa Finanzderivate,
Geldmarktfonds und Commercial Paper, für neue
Märkte z. B. Euromärkte und Terminmärkte. Bei
neuen Techniken handelt es sich etwa um die
verbreitete Nutzung des computerisierten
Börsenhandels. Finanzinnovationen sollen zur
effizienteren Bereitstellung von Finanz-
Dienstleistungen und zur kostengünstigeren
Abwicklung von Finanztransaktionen beitragen.
Vor allem seit Anfang der achtziger Jahre kam es
mit den Fortschritten in der Informations- und
Kommunikationstechnologie an den Finanz-
Märkten zu einer Welle von Finanzinnovationen,
die zumeist in den USA entwickelt worden
waren.
Finanztransaktionssteuer

Im Jahr 1972 wurde von dem US-amerikanischen
Wirtschaftswissenschaftler James Tobin eine
Finanztransaktionssteuer auf internationale
Devisengeschäfte vorgeschlagen (Tobin-Steuer).
Tobin wollte durch eine sehr niedrige Steuer auf
sämtliche internationale Devisentransaktionen
kurzfristige Spekulationen auf Währungs-
Schwankungen eindämmen. Dadurch sollten die
Wechselkurse von Währungen stärker die
langfristigen realwirtschaftlichen Phänomene als
die kurzfristigen spekulativen Erwartungen
widerspiegeln. Bis heute wird eine solche –
allerdings auch auf andere Finanztransaktionen
erhobene – Steuer von Globalisierungskritikern
als eine zentrale Forderung angesehen. Im Zuge
der jüngsten Finanzkrise wurde die Einführung
einer derartigen Steuer auch von verschiedenen
Regierungen gefordert, bislang aber noch nicht
umgesetzt.

Futures
Ein Future ist ein verbindliches Termingeschäft,
das im Gegensatz zur Option zum festgelegten
Zeitpunkt von den Vertragspartnern zu erfüllen
ist. Die Wertentwicklung des Futures weicht vom
gehandelten Basiswert ab. Man unterscheidet
zwischen Finanzterminkontrakten (Financial

Futures) und Warenterminkontrakten
(Commodity Futures).

Geldfunktionen
Geld werden mehrere Funktionen zugesprochen.
Alles, was diese Funktionen ausübt, kann
grundsätzlich als Geld verwendet werden:
1. Tausch-Zahlungsmittel: Geld hilft
Tauschvorgänge effizient zu gestalten.
2. Recheneinheit: Geld fungiert als Wertmaßstab.
Güterwerte lassen sich in einer Bezugsgröße
ausdrücken und vergleichen.
3. Wertaufbewahrungsmittel: In Geld lässt sich
ein Wert „speichern". Gelderwerb und
Geldausgabe können zeitlich auseinander liegen.
Sparen ist möglich. Um diese Funktionen erfüllen
zu können, muss der Gegenstand, der als Geld
verwendet wird, gut teilbar, wertbeständig und
allgemein akzeptiert sein.

Haircut
Prozentualer Abschlag auf den Wert einer
Sicherheit. Stellt für den Kreditgeber in einem
besicherten Kreditgeschäft (z.B. Repo-Geschäft)
einen Risikopuffer dar, der zu erwartende
Schwankungen im Wert der Sicherheit während
der Kreditlaufzeit auffangen und im Falle der
Zahlungsunfähigkeit des Kreditnehmers die

Abdeckung der ausstehenden Schuld sicherstellen
soll.

Hedgefonds
Bis vor kurzem wenig regulierter Anlagefonds.
Die Manager unterlagen bislang keinen
Beschränkungen in der Wahl der Kapital-
Instrumente und konnten daher Leerverkäufe
tätigen, sowie kreditfinanzierte und derivative
Positionen eingehen. Dach-Hedgefonds
investieren nicht direkt in Kapitalanlagen,
sondern ganz oder teilweise in andere
Hedgefonds. Typischerweise verlangen
Hedgefonds erfolgsabhängige Gebühren, wenn
sie eine bestimmte Mindestrendite übertreffen.

Internationaler Währungsfonds (IWF)
Der IWF ist eine internationale Organisation zur
weltweiten währungspolitischen
Zusammenarbeit. Er wurde auf der
internationalen Konferenz von Bretton Woods im
Jahre 1944 gegründet. Alle Mitgliedstaaten des
IWF sind vertraglich zur Einhaltung der
vereinbarten Regeln und zu enger
Zusammenarbeit in Fragen der internationalen
Währungspolitik und des zwischenstaatlichen
Zahlungsverkehrs verpflichtet. Zu den
Hauptaufgaben des IWF zählen die Förderung der

Zusammenarbeit in der Währungspolitik, die
Gewährung finanzieller Hilfen im Falle von
Zahlungsbilanzschwierigkeiten und die
Überwachung der Wechselkurspolitiken der
Mitgliedsländer. Deutschland ist seit 1952
Mitglied des IWF.

Investmentbank
Bank, die nicht das Kreditgeschäft, sondern das
Wertpapiergeschäft betreibt, also Geschäfte im
Zusammenhang mit der Begebung und dem
Handel von Wertpapieren sowie der Mittelanlage
in Wertpapieren. In einem umfassenderen Sinne
werden alle Aktivitäten der Unternehmens-
Finanzierung dazu gerechnet. Seinen Ursprung
hat der Begriff im amerikanischen Bankensystem,
wo es seit Anfang der dreißiger Jahre bis Ende
des 20. Jahrhunderts eine Trennung zwischen
Banken, die das Wertpapiergeschäft betreiben,
und solchen, die im Kreditgeschäft aktiv sind, gab
(sog. Trennbanken, im Gegensatz zu den
deutschen Universalbanken).

Kapitalmarkt
Der Kapitalmarkt umfasst alle Märkte, auf denen
langfristige Schuldverschreibungen und
Beteiligungskapital gehandelt werden. Über den
Kapitalmarkt erhalten Unternehmen und

staatliche Stellen Mittel für langfristige
Investitionen. Manchmal wird der Begriff
Kapitalmarkt auf den organisierten Handel mit
Wertpapieren, also die Börsen, verengt.

Kernkapital / Kernkapitalquote
Das bankaufsichtliche Kernkapital umfasst im
Wesentlichen das eingezahlte Kapital, Einlagen
stiller Gesellschafter, offene Rücklagen, den
Sonderposten für allgemeine Bankrisiken gemäß
§ 340g HGB sowie in begrenztem Umfang
innovative Kapitalinstrumente wie Hybridkapital.
Wird auch als „Tier I Capital" bezeichnet. Die
Kernkapitalquote setzt das Kernkapital ins
Verhältnis zu den gewichteten Risikopositionen
einer Bank.

Konvergenzkriterien
Damit ein EU-Staat der Währungsunion beitreten
kann, muss sich seine wirtschaftliche Lage bis zu
diesem Zeitpunkt nachhaltig verschiedenen
Kriterien angenähert (Konvergenz) haben. Um
dies festzustellen, muss er vier Konvergenz-
Kriterien erfüllen:
- Preisstabilität: Die Inflationsrate darf nicht mehr
als 1,5 Prozentpunkte über derjenigen der drei
preisstabilsten Mitgliedsländer der Europäischen
Union liegen.

- Höhe der langfristigen Zinsen: Die langfristigen Nominalzinssätze dürfen nicht mehr als zwei Prozentpunkte über den entsprechenden Zinssätzen der drei preisstabilsten Mitgliedsländer der Europäischen Union liegen.
- Haushaltsdisziplin: Das jährliche öffentliche Defizit sollte grundsätzlich nicht mehr als 3 %, der öffentliche Schuldenstand nicht mehr als 60 % des Bruttoinlandsprodukts betragen.
- Wechselkursstabilität: Der Beitrittskandidat muss mindestens zwei Jahre am Wechselkursmechanismus II teilgenommen haben. Dabei darf der Wechselkurs der eigenen Währung nicht starken Schwankungen gegenüber dem Euro ausgesetzt gewesen sein.

Kreditausfallswap (Credit Default Swap: CDS)
Mit Abschluss eines „Kreditausfallswaps" verpflichtet sich der Sicherungsgeber gegen eine periodisch zu zahlende Prämie, bei Eintritt eines vorab spezifizierten Kreditereignisses (z. B. Zahlungsausfall oder -verzug) eine Ausgleichszahlung an den Sicherungsnehmer zu leisten. Die Höhe der CDS-Prämie hängt vor allem von der Bonität des Referenzschuldners, der Definition des Kreditereignisses und der Laufzeit des Vertrags ab.

Leerverkauf
Veräußerung von geliehenen Vermögenswerten,
die nicht Eigentum des Verkäufers sind. Zu
unterscheiden sind Transaktionen, die durch eine
Wertpapierleihe unterlegt sind (Leerverkauf), von
solchen, bei denen eine vergleichbare
Absicherung fehlt (nackter oder ungedeckter
Leerverkauf).

Leverage-Effekt
Unter Leverage-Effekt (Schuldenhebel)
bezeichnet man den überproportional starken
Einfluss des Fremdkapitals auf die
Eigenkapitalrentabilität. Ist beispielsweise der
Kreditzinssatz niedriger als die Verzinsung am
Kapitalmarkt, kann mit dem aufgenommenen und
wieder am Kapitalmarkt investierten Fremd-
Kapital die Rentabilität des Investments erhöht
werden (positiver Leverage-Effekt).

Lissabon-Vertrag
Der 2007 unterschriebene und 2009 in Kraft
getretene Lissabon-Vertrag setzt sich zusammen
aus dem Vertrag über die Europäische Union
(EU-Vertrag) und dem Vertrag über die
Arbeitsweise der Europäischen Union (AEUV).
Vorläufer des Vertrags von Lissabon waren u. a.
der Vertrag von Maastricht (1992/1993), der

Vertrag von Amsterdam (1997/1999) und der
Vertrag von Nizza (2001/2003), die aus dem
ursprünglichen EWG- bzw. EG-Vertrag
hervorgegangen waren. Der Vertrag über die
Europäische Union enthält u. a. Bestimmungen
über die Organe der EU, wie das Europäische
Parlament, den Europäischen Rat und den
(Minister-)Rat der EU. Der Vertrag über die
Arbeitsweise der EU enthält u. a. das Regelwerk
für die Wirtschafts- und Währungspolitik.

Der Vertrag von Maastricht (Vertrag über die
Europäische Union) wurde 1992 unterzeichnet
und trat 1993 in Kraft. Er änderte den EG-Vertrag
und begründete die Europäische Union. Er legte
insbesondere die Grundlagen der Wirtschafts- und
Währungsunion. Der Vertrag von Maastricht
wurde seither durch den Vertrag von Amsterdam
(1997/1999), den Vertrag von Nizza (2001/2003)
und den Vertrag von Lissabon (2007/2009)
abgeändert. Die Bestimmungen wurden darin an
die aktuellen Gegebenheiten angepasst, aber nicht
grundlegend verändert.

OTC-Derivatemarkt
Markt, auf dem Derivate direkt zwischen zwei
Parteien, das heißt ohne Einschaltung einer Börse
gehandelt werden. Viele Derivate-Kontrakte

werden fast ausschließlich auf diese Weise
geschlossen, zum Beispiel Swaps und exotische
Optionen.

Rating
Einstufung der Bonität von Schuldnern
(Unternehmen, Banken oder Staaten) bzw. der
von ihnen herausgegebenen Wertpapiere. Die
Kreditqualität von Schuldnern oder Wertpapieren
mit einem Rating im Bereich von BBB- oder
höher wird als vergleichsweise hoch eingestuft.
Schuldner oder Wertpapiere mit einem
schlechteren Rating werden als spekulativ
eingestuft, die Wertpapiere auch als
Hochzinspapiere (High Yield Bonds) bezeichnet.
Die Einstufung wird von sog. Rating-Agenturen
vorgenommen. Diese sind Unternehmen, die auf
die Erstellung von Ratings spezialisiert sind. Im
Herbst 2009 wurde die EU-Rating-Verordnung
verabschiedet. Seither unterliegen in der EU
tätige Rating-Agenturen einer Beaufsichtigung
durch die zuständigen Behörden.

Risikoprämie
Entschädigt den Investor für die Übernahme eines
Risikos: Aktienrisikoprämie am Aktienmarkt,
Laufzeitprämie am Rentenmarkt, Kreditrisiko-
Prämie am Markt für Unternehmensanleihen. Die

Kreditrisikoprämie (auch Anleihespread oder
Zinsaufschlag) entgilt ein gegenüber
Staatsanleihen bester Bonität höheres
Kreditausfallrisiko sowie gegebenenfalls auch
eine geringere Liquidität dieser Papiere.

SoFFin
(Sonderfonds Finanzmarktstabilisierung)
Der SoFFin ist ein Sonderfonds des Bundes, der
im Oktober 2008 im Rahmen des
Finanzmarktstabilisierungsgesetzes errichtet
wurde. Er wird von der Bundesanstalt für
Finanzmarktstabilisierung verwaltet. Der SoFFin
hat die Aufgabe, das Finanzsystem in
Deutschland zu stabilisieren. Der Fonds kann von
Banken emittierte Schuldverschreibungen
garantieren, sich an Finanzunternehmen
beteiligen und so deren Eigenkapital erhöhen
sowie Risikopositionen der Banken durch Ankauf
übernehmen.

Staatsanleihen
Schuldverschreibungen, die durch eine
öffentliche Hand oder andere Körperschaften
eines Staatsgebietes ausgegeben werden. Zur
öffentlichen Hand gehören der Bund, die Länder
und die Gemeinden.
Staatsschulden

Verschuldung des jeweiligen Landes. Sie ist der Wert für die Gesamtheit aller Forderungen von kreditgebenden Gläubigern an den Staat.

Stabilitäts- und Wachstumspakt
In dem 1996 beschlossenen Stabilitäts- und Wachstumspakt verpflichten sich die EU-Länder auch nach Eintritt in die Währungsunion dauerhaft und nachhaltig Haushaltsdisziplin zu wahren. Denn das geldpolitische Ziel „Preisstabilität" kann auf Dauer nur erreicht werden, wenn es durch eine stabilitätsorientierte Finanzpolitik unterstützt wird. Die Obergrenze für die jährlichen Haushaltsdefizite liegt grundsätzlich bei drei Prozent, der Schuldenstand bei höchstens 60 Prozent des BIP. Höhere Defizite sind nur in begründeten Ausnahmefällen zugelassen. Bei Verstößen gegen die Regeln können EU-Kommission und Ecofin-Rat ein so genanntes Defizitverfahren in Gang setzen, das empfindliche Sanktionen zur Folge haben kann. Ein wesentliches Element des Stabilitäts- und Wachstumspakts ist, dass – ergänzend zum Defizitkriterium – mittelfristig nahezu ausgeglichene öffentliche Haushalte anzustreben sind.

Stresstest

Simulation der Auswirkungen extremer
Ausnahmen von normalen (Markt-)
Entwicklungen. Die Bundesbank führt
regelmäßig Makrostresstests durch, indem sie mit
Hilfe eines statistischen Modells für verschiedene
Szenarien die Entwicklung des Kreditrisikos und
des Zinsergebnisses prognostiziert. Bei
Mikrostresstests – wie dem Marktrisikostresstest
– wird eine Auswahl von Banken gebeten, auf
Basis vorgegebener Szenarien die Marktwert-
Veränderungen ihrer eingegangenen Positionen in
Prozent des haftenden Eigenkapitals zu ermitteln.

Systemrelevante Bank
Eine Bank oder Bankengruppe ist systemrelevant,
wenn ihre Zahlungsunfähigkeit das Funktionieren
des inländischen Finanzsystems oder
wesentlicher Teile davon gravierend
beeinträchtigen würde und zudem negative
Auswirkungen auf die Realwirtschaft hätte.

Systemisches Risiko
Relativer Unterschied zwischen Kassa- und
Terminkurs für Devisen. Er liegt Swapgeschäften
in Devisen zugrunde, mit denen sich Akteure auf
internationalen Märkten gegen das
Wechselkursänderungs-Risiko absichern können.
Target2, Target-System

Target2 (**T**rans-European **A**utomated **R**eal-time
Gross Settlement **E**xpress **T**ransfer System) ist
ein Computersystem zur sicheren und schnellen
Abwicklung des elektronischen Individual-
Zahlungsverkehrs innerhalb der Europäischen
Union. Es wird von den Banken hauptsächlich
zur sekundenschnellen Überweisung von großen
Beträgen genutzt. Target2 basiert auf einer
einheitlichen technischen Plattform und
gewährleistet den raschen Austausch von
Zentralbankliquidität zwischen den nationalen
Geldmärkten. Es bietet allen Teilnehmern bei
nationalen wie grenzüberschreitenden Zahlungen
harmonisierte Leistungen zu einheitlichen
Preisen. Die Hauptrefinanzierungsgeschäfte des
Eurosystems sind zwingend über Target2
abzuwickeln.

Trennbankensystem
Anders als Universalbanken ist es Trennbanken
verboten, gleichzeitig das Kredit- und das
Wertpapiergeschäft zu betreiben. Ziel des in den
USA bislang üblichen Trennbankensystems ist es,
Interessenkonflikte der beiden Geschäftsfelder zu
vermeiden.

Unabhängigkeit der Zentralbanken

Erfahrungsgemäß sind unabhängige Zentral-
Banken besser in der Lage, den Geldwert zu
sichern. Diese Unabhängigkeit garantiert, dass
eine Zentralbank ihre Aufgaben und Pflichten
ohne Einflussnahme der Politik ausüben kann.
Die Unabhängigkeit des Eurosystems bzw. ESZB
ist in mehrfacher Hinsicht gewährleistet:

1. Institutionell: Es wird durch ein umfassendes
Verbot nationaler und supranationaler Stellen
gesichert, der EZB oder den nationalen
Zentralbanken Weisungen zu erteilen.
2. Funktional: Es wählt frei und
eigenverantwortlich die Strategien und
Maßnahmen, um seine Ziele – vornehmlich
Preisstabilität – zu erreichen.
3. Finanziell: Es kann frei und unabhängig über
seine zur Verfügung stehenden finanziellen Mittel
verfügen. Die nationalen Zentralbanken sind
zudem die alleinigen Kapitalzeichner der EZB.
4. Personell: Zur personellen Unabhängigkeit
trägt die lange Amtszeit der Organmitglieder
sowie deren Schutz vor willkürlicher, vorzeitiger
Amtsenthebung bei.

Die Zentralbank eines Landes muss spätestens bei
Eintritt in die Währungsunion in die

Unabhängigkeit entlassen worden sein (rechtliche Konvergenz).

Universalbank
Im Gegensatz zu den Spezialbanken handelt es sich um Institute, die alle Geschäfte einer Bank betreiben, insbesondere das Kredit- und das Wertpapiergeschäft. In Deutschland sind die meisten Banken als Universalbanken tätig, weshalb man auch von einem Universalbanken-System spricht. Demgegenüber haben einige Länder Trennbankensysteme. Dort ist es den Banken verboten, gleichzeitig das Kredit- und das Wertpapiergeschäft zu betreiben. Vorteile des Universalbankensystems sind neben der Versorgung der Kunden „aus einer Hand" die relativ geringe Störanfälligkeit der Banken, da eine breitere Streuung von Risiken möglich ist.

Verbriefung
Unter Verbriefung (engl. *securitization*) versteht man die Umwandlung von Krediten und anderen Forderungen in handelbare Wertpapiere.
Volatilität
Maß für die Schwankungen zum Beispiel eines Finanzmarktpreises innerhalb einer bestimmten Periode (entspricht der Standardabweichung).

Zahlungsbilanz
Die Zahlungsbilanz gibt Auskunft über alle
wirtschaftlichen Transaktionen zwischen einer
Volkswirtschaft und der übrigen Welt in einem
bestimmten Zeitraum. Die Zahlungsbilanz des
Eurosystems bzw. Deutschlands setzt sich aus
fünf Posten zusammen: Leistungsbilanz, Saldo
der Vermögensübertragungen, Kapitalbilanz,
Devisenbilanz und Restposten (statistisch nicht
aufgliederbare Transaktionen). Die Zahlungs-
Bilanz wird nach dem Prinzip der doppelten
Buchführung geführt und ist (formal) immer
ausgeglichen. Wenn von einer „nicht
ausgeglichenen" Zahlungsbilanz gesprochen
wird, ist der Saldo einer bestimmten Teilbilanz –
in der Regel der Leistungsbilanz – gemeint.

Zentralbank
Eine Zentralbank ist diejenige Institution, die für
die Geldpolitik und die Funktionsfähigkeit des
Geldwesens in einem Land oder Gebiet zuständig
ist. Zu ihren Kernaufgaben gehören neben der
Geldpolitik typischerweise die Verwaltung der
Währungsreserven sowie als Notenbank die
Ausgabe von Banknoten. Der Zentralbank kann
auch die Verantwortung für die Bankenaufsicht
und den Zahlungsverkehr übertragen werden.
Wichtigstes geldpolitisches Ziel ist zumeist

Preisstabilität. Um dieses Ziel besser erreichen zu
können, sind Zentralbanken in vielen Ländern
unabhängig von politischen Weisungen.

Zentralbankgeld
Unter Zentralbankgeld versteht man das von der
Zentralbank geschaffene Geld. Es umfasst den
gesamten Bestand umlaufender Banknoten und
Münzen sowie die Sichtguthaben der
Geschäftsbanken bei der Zentralbank
(Zentralbankguthaben).

Zentralbankguthaben
Guthaben bei der Zentralbank, die von Banken
gehalten werden. Sie dienen den Kreditinstituten
zur Erfüllung der Mindestreservepflicht und als
Arbeitsguthaben. Zentralbankguthaben werden
am Geldmarkt zum Liquiditätsausgleich zwischen
den Banken gehandelt.

Wir danken der Bundesbank und dem
Finanzlexikon für Teile dieser erklärenden
Definitionen.

18. Quellen und Internet-Links

1. http://blog.zeit.de/joerglau/2009/04/29/was-
kommt-nach-dem-pumpkapitalismus_2297 :
Auszüge aus dem Essay von Lord Ralf
Dahrendorf zum Thema „Pumpkapitalismus".

2.http://de.wikipedia.org/wiki/Humane_Marktwir
tschaft : Hier werden grundlegende Begriffe des
Geld-Ökonomismus erklärt und der Leser findet
eine Einführung des Konzepts der „Humanen
Marktwirtschaft".

3. http://www.ludwig-erhard-
stiftung.de/pdf/wohlstand_fuer_alle.pdf
Ludwig Erhards Klassiker. Noch heute lesenswert
und zeigt schon deutlich die Sünden der Politik
auf.

4. http://de.wikipedia.org/wiki/Sapere_aude :
Hintergründe zu Immanuel Kants Satz „Sapere
aude" (Wage, dich deines Verstandes zu
bedienen!)

5.http://de.wikipedia.org/wiki/St%C3%A9phane_
Hessel : Wissenswertes über den französischen
Philosophen Stéphane Hessel und seine Werke.

6.http://www.bundespraesident.de/SharedDocs/R
eden/DE/Christian-Wulff/Reden/2011/08/110824-
Wirtschaftsnobelpreistraeger.html : Vollständige
Rede von Bundespräsident Christian Wulff am
24. August 2011 in Lindau.

7. http://www.ecb.int/ecb/html/index.de.html :
Offizielle Website der Europäischen Zentralbank
(EZB) in deutscher Version.

8. http://de.wikipedia.org/wiki/Max_Weber :
Wissenswertes über den Sozialökonomen Max
Weber.

9.http://wirtschaftslexikon.gabler.de/Definition/fr
eiburger-schule.html : Wissenswertes zur
„Freiburger Schule" und dem
„Ordoliberalismus".

10. http://de.wikipedia.org/wiki/Das_Kapital :
Auszüge und Wissenswertes über „Das Kapital"
von Karl Marx. Immer wieder lesenswert!

11. http://de.wikipedia.org/wiki/Konsum :
Schlaues zum Thema Konsum.

12.http://www.erinn19.erinnyen.de/lebenskunst4.
html: Der Eudaismus oder die Glückslehre. Hier
erfahren Sie, worum es dabei geht!

13.http://de.wikipedia.org/wiki/Daniel_Bell_%28
Soziologe%29 : Alles Wissenswerte über den
amerikanischen Soziologen Daniel Bell, der 1976
das Buch „Die kulturellen Widersprüche des
Kapitalismus" schrieb.

14.http://de.wikipedia.org/wiki/Europ%C3%A4is
cher_Stabilit%C3%A4tsmechanismus : Hier
finden Sie Informationen über den „Europäischen
Stabilitätsmechanismus", allgemein auch „Euro-
Rettungsschirm" genannt. Die Autoren dieses
Eintrags weisen nicht zu unrecht darauf hin, dass
sich die hier befindlichen Informationen jederzeit
und sehr schnell ändern können…

15.http://www.aktienjournal.de/pro-contra-euro-
bonds-und-warum-der-euro-zusammenbrechen-
wird : Hier erfährt man, was Euro-Bonds
eigentlich sind.

16.http://de.wikipedia.org/wiki/Bail-
out_%28Wirtschaft%29 : Informationen zum
Begriff „Bail-Out", der oft verwendet wird und

überwiegend im Sinne von „Haftungsübernahme"
verwendet wird.

17.http://de.wikipedia.org/wiki/Stabilit%C3%A4t
s-_und_Wachstumspakt : Wissenswertes über den
Europäischen Stabilitäts- und Wachstumspakt,
gegen den gerade alle verstoßen.

18.http://de.wikipedia.org/wiki/Vertrag_von_Maa
stricht: Hier kann man nachlesen, worum es im
heutigen Europa eigentlich geht.
http://europa.eu/lisbon_treaty/full_text/index_de.
htm : Hier findet man den kompletten Wortlaut
des „Lissabon-Vertrags", der im Moment das
politische Handeln Europas bestimmen soll. Der
Vertrag sah eine weitgehend Stärkung des
Europäischen Parlaments als einziger
demokratisch gewählter europäischer Instanz vor,
die jedoch in der Praxis weitgehend von der EU-
Kommission ausgehebelt wird.

19.http://europa.eu/abc/12lessons/lesson_4/index
_de.htm : Sehr lohnenswert - die offizielle
Website der Europäischen Union, auf der man
erfährt, wie Europa eigentlich funktionieren soll.

20. http://www.imf.org/external/index.htm :
Offizielle Website des Internationalen

Währungsfonds (IWF), einem der wichtigen
Akteure der aktuellen Krise.

21. http://de.wikipedia.org/wiki/Konjunktur - Die
Konjunktur. Alle reden drüber, aber was ist das
eigentlich genau? Das erfahren Sie hier.

22.http://www.wirtschaftslexikon24.net/d/shareho
lder-value/shareholder-value.htm : Der
„Shareholder Value", eines der Übel der aktuellen
Situation. Was das ist, lernt man hier,

23. http://www.freiburger-
denkfabrik.de/index.php?id=9 : Auf der Website
der „Freiburger Denkfabrik" erfährt man nicht
nur, was die „Humane Marktwirtschaft" ist,
sondern auch neue Ansätze, wie wir aus der Krise
wieder herauskommen können.

24.http://www.bundesfinanzministerium.de/nn_3
9856/DE/BMF__Startseite/Service/Glossar/W/00
2__Wirtschaftswachstum.html : Das Goldene
Kalb, um das gerade alle tanzen, heißt
„Wirtschaftswachstum". Auf der Site des
Bundesfinanzministeriums lernt man, was das
eigentlich genau ist.

25. http://occupywallst.org/ : Die Website der
neuen Protest-Bewegung „Occupy Wall Street",
die mittlerweile alle fünf Kontinente erreicht hat.

26.http://www.welt.de/print/wams/wirtschaft/artic
le13675915/Der-Trick-mit-dem-Hebel. Die
Gefahren der neuen Wunderwaffe auf den Punkt
gebracht.

27.http://www.bundesbank.de/download/presse/re
den/2011/20111027.weidmann.php
Solide Wege aus der Staatsschuldenkrise von
Bundesbankpräsident Weidmann.

**www.3-ufer.com : Die erste deutsch-
französische Internet-Tageszeitung, die sich
regelmäßig auch mit diesen Themen
beschäftigt – jeden Tag lesenswert!**

1. Auflage, November 2011
Bei Bedarf erreichen Sie uns über die Internet-
Site der Freiburger Denkfabrik:
www.freiburger-denkfabrik.de

<u>Notizen</u>:

<u>Notizen:</u>

<u>Notizen:</u>

119

Herstellung und Verlag:
Books on Demand GmbH, Norderstedt
ISBN 978-3-8423-7190-3

www.ingramcontent.com/pod-product-compliance
Lightning Source LLC
Chambersburg PA
CBHW031402250726
48656CB00002B/530